万卷方法 | 质性研究方法译丛
主编 陈向明

质性研究中的访谈：

教育与社会科学研究者指南

ZHIXING YANJIU ZHONG DE FANGTAN
JIAOYU YU SHEHUI KEXUE YANJIUZHE ZHINAN（第3版）

埃文·塞德曼 著
周海涛 主译
李四红 缑晓慧 朱桂兰 刘　丽 参译

重庆大学出版社

版贸核渝字(2007)第66号。

图书在版编目(CIP)数据

质性研究中的访谈:教育与社会科学研究者指南/(美)塞德曼(Seidman, I.)著;周海涛主译.—重庆:重庆大学出版社,2009.1(2021.11 重印)
(万卷方法.质性研究方法译丛)
书名原文:Interviewing as Qualitative Research: A Guide for Researchers in Education and the Social Sciences
ISBN 978-7-5624-4679-8
Ⅰ.质… Ⅱ.①塞…②周… Ⅲ.①教育科学—调查方法 ②社会科学—调查方法 Ⅳ.G40-034 C31
中国版本图书馆 CIP 数据核字(2008)第163707号

质性研究中的访谈:
教育与社会科学研究者指南

埃文·塞德曼 著
周海涛 主译
责任编辑:雷少波 版式设计:雷少波
责任校对:刘 刚 责任印制:张 策
*
重庆大学出版社出版发行
出版人:饶帮华
社址:重庆市沙坪坝区大学城西路21号
邮编:401331
电话:(023) 88617190 88617185(中小学)
传真:(023) 88617186 88617166
网址:http://www.cqup.com.cn
邮箱:fxk@cqup.com.cn(营销中心)
全国新华书店经销
重庆市国丰印务有限责任公司印刷
*
开本:940mm×1360mm 1/32 印张:5.75 字数:149千
2009年1月第1版 2021年11月第7次印刷
ISBN 978-7-5624-4679-8 定价:25.00元

致谢

自本书首次出版发行以来的这些年里，我的乐趣之一就是和刚刚从事研究的新手们保持联系，他们给我发电子邮件或打电话，讨论他们的研究项目。他们当中有些人的名字，将在本书第 2 章中出现。我要向他们对本书中述及的研究方法所产生的兴趣，以及所做的工作表示感谢。

对新罕布什尔大学研究资助与服务办公室的研究执行与评审服务部门经理朱莉·辛普森女士，我心怀感恩。在我对研究伦理调查委员会的审查程序进行钻研的整个过程中，辛普森女士事无巨细地给予了指导。当然，她对本领域的任何不足都没有责任，她的宽宏大量、见多识广、周到指导，使我对研究伦理审查委员会的程序理解得更加透彻。

感谢马萨诸塞大学（Amherst 校区）现在和以前的同事，以及合作者：玛格丽特·伯格林、理查德·克拉克、阿特朗·金特里、法希德·哈杰、安妮·赫林顿、罗伯特·马洛伊、加雷思·马修斯、海迪·麦基、芭芭拉·摩根、罗伯特·祖斯曼，波士顿学院的拉里·勒德洛、杰拉尔德·派因，还有美国历史协会的琳达·肖普斯，你们每一个人在这方面都为我提供了重要的直接或间接支持。

本书得益于琳达·格利芬、肯·迪沃尔给予的支持，以及在中学教师教育项目中，我的同事们给予的帮助。在这个项目中，来自加纳的优秀研究生弗里德里·亚桑特-萨缪哈，协助我进行研究，他一丝不苟、精力充沛，对我们图书馆的新电子数据库运用起来驾轻就熟。感谢琳达·尼斯、詹尼弗·古德哈特及时给予的支持。同时，我还要向馆际贷款部、WEB Du Bois 图书馆的斯蒂芬·麦克金蒂、芭芭拉·摩根和参考书管理员们表达我的感激之情。

乔治华盛顿大学的博士生，托尼·伯吉斯、内特·艾伦，马萨诸塞大学（阿姆赫斯特）教育学院的玛格丽特·博伊考、罗尔·迦西亚、汤姆·泰利克伊阅读了本书第5章,并提出详尽确切、富有思想性、颇有参考价值的意见,对此,我深怀感激。

我的妻子琳达和儿子伊桑编辑本书时,耐心细致、精巧能干,倘若本书中有改进提高的地方,是他们继本书前两版之后继续为之做出的巨大贡献。

感谢乔治华盛顿大学行政领导力项目的大卫·施沃特、玛格丽特·戈尔曼,以及新英格兰教育研究组织的官员们,给我提供了出席以深度访谈为主题的小型研讨会的机会,使我得以详细阐述本书观点并进行实地测试。同时,我还想继续表达对丹尼尔·P·施瓦兹的感激之情,您的教诲始终伴我前行。

我要深深感谢教师学院出版社对本书第3版的支持,杰西卡·拜伦、苏姗·莉迪柯特、南希·鲍尔、彼得·希格、莎农·维特的缜密思维、认真推敲,尤其值得一提。

以上致谢,主要提到了给予本书第3版大力支持的人们,但这并不意味着,新版发行之后,那些支持过我从事这项研究的家人、朋友、老师、同事、合作伙伴和研究生们所做的贡献便被抛至脑后。克里弗德·爱德曼、特罗莎·巴顿、莎拉·拜恩德罗、约翰·布斯、凯瑟琳·卡麦兹、理查德·克拉克、伊丽莎白·科恩、威廉·康佩农、爱德华·W. 休斯 Jr.、莎拉·库恩、安·勒温森、卢斯·莱温森、萨瑞和乔治·里普金、劳伦斯·F. 洛克、罗伯特·马洛伊、劳瑞·麦斯特里、琳达·米勒-克莱里、朱迪斯·H. 米勒、简·内格尔、詹姆斯·奥唐奈、赛里·鲁宾斯坦、玛丽·布雷·沙茨凯摩尔、亚历克斯·塞德曼、路易斯·塞德曼、雷切尔·费雷恩·希德曼、帕特丽希奥·萨利文、马克·泰特拉奥特、约翰·沃特,正是你们早期的支持,使我得以将研究坚持下来。

自本书最后一次编辑以来,我的女儿雷切尔和女婿本杰明·费雷恩又为这个世界带来另外一位热情的故事倾听者,他们的女儿伊莱扎的妹妹黑兹尔。有人问弗洛伊德,什么是“活得好”,据传闻他回答说,就是“工作得好并且爱得好”。我一直努力试图将二者兼顾,虽做得不完美,但我还是要把本书献给我的外孙女黑兹尔。

前言

在我的教师生涯中，我和许多研究生都合作过，他们在准备学位论文的研究过程中，都表现出了浓厚而热切的兴趣。然而，他们常常由于缺乏正确、可行的研究方法，研究经常遇到阻碍。用萨特(Sartre,1986)的话说，“他们到处寻求研究方法”。

本书主要为那些博士学位的攻读者而写，他们忙于研究，并认为深度访谈对他们自身及其研究主题是恰当的。本书也为那些在其他研究方法上具有丰富经验，且对质性研究感兴趣而很可能第一次运用访谈方法的研究者而写。最后，本书也适用于那些寻找辅助资料的教授，他们希望通过这些资料，能将访谈方法与更广泛的质性研究问题联系起来。无论是个人研究使用还是课堂讲授使用，本书将在质性研究的背景之下，对如何开展深度访谈研究的过程循序渐进地逐一介绍。

本书颇为关注深度的现象学访谈方法。导言概括介绍了我是如何涉足访谈研究的。第1章对将访谈作为一种研究方法的基本原理进行了讨论，同时也探讨了以叙事作为认识事物的方法的可能性。第2章基于我和助手们在我们的研究项目中所运用的方法，阐明了深度的现象学访谈方法的结构，提供如何根据特定目标来运用这类访谈方法的具体指导。第3章探讨了可能致使研究提案设计难度过大的一些基本问题，并讨论了如何借助研究流程来对研究者加以引导的简捷有效的办法。第4章强调在研究流程中应避免的陷阱和隐患，探讨了筛选受访者并与之建立接触、交流联系过程中会遇到的问题。第5章针对访谈式研究中日益突显的道德问题，介绍了研究伦理审查委员会(IRB)的审查环节,明确它对从事访谈的研究者的意义。该章阐释了访谈研究自身存在的风险,以及在研究伦理审查委员会(IRB)通过审查和获得知情同意书的要求,阐明了知情同意书应当包括的主要内容,提醒读者注意相应的研究道德问题,并评述围绕研究伦理审查委员会流程和知情同意书而产生的复杂情形及相关争论。第6章避免了食谱式的叙述,紧密联系质性研究的主要问题,介绍具体的访谈方法技术。该章特别强调了聆听和提问的方法。第7章探讨了作为一种关系的访谈研究,将访谈者与受访者互动过程中的关系,置于当代的主要社会问题背景下来审视。该章直接提出了混淆深度访谈与心理治疗或矫正的可能性,提醒读者注意建立融洽关系的复杂性,强调平等性是访谈关系中不可或缺的必要因素。第8章探讨了如何整理、利用和共享从深度访谈中所获得的信息、数据,引导读者一步一步地规范整理、运用访谈者所收集的大量资料。该章提出了两种可用的资料分析流程:一种用于确认在访谈材料中显现的主题,另一种用于提炼受访者经历及其所含意蕴的叙事性要点。两种方式都是与众多读者共同探讨和分享访谈结果的有效方法。

附录提供了两则叙事性概要范例。这些范例展示了通过访谈研究法,挖掘独特经历、探寻日常经历的复杂情形和重要意义的可能性。

尽管本书提出运用现象学视角进行深度访谈,然而,书中所探讨和提供的原理、技巧仍可适用于其他各种访谈法。本书中我所提供的范例,包括与我一同工作的同事们和研究生所做的访谈,以及我自己针对一些备受争议问题所开展的访谈研究。我力求找到一个平衡点,一方面能与读者分享自身有关深度访谈的经历,以便读者可以直接获得有用的信息;另一方面又尽可能给予充分的引导,以使读者能根据所阐述的方法,成功地设计和开展相关的研究项目。

此外,我也介绍了一个学习实践性项目。通过此项目,个体、整个班级或研究机构都可以运用所述方法在短时间内获得具体的体验。我还想引领读者探索研究、认真考量自己的访谈手法,并对其进行相应评估。

我的目标是撰写一本简明而实用的书,就深度访谈这种研究方法提供有益的指导性意见。同时,我的目标也包括将这种方法应用到质性研究中更典型的问题上去。为了实现这些目的,我为读者精心挑选了一些辅助性阅读材料,以帮助读者加深对访谈和质性研究中的方法论、道德性和哲学性问题的理解。此外,网络业已成为一个重要的研究工具,本书也为读者推荐了现有的便捷有效的相关网络资源。我期冀本书达到的效果是,将所提供的指导性原则和质性研究领域中更典型的问题结合起来,使广大教育和社会科学研究者从该书中受益。

亚里士多德(Aristotle,1976)曾指出,无论我们做什么,善良而符合道德准则的行为离不开做好它的方法。我希望,这本书今后能够为访谈研究者提供一套可以捕捉想法、沟通心灵并为其工作提供支持的方法。

目录

导言 我是怎样涉足访谈的

当我在家中进行研究时，常看到书架上所摆放的我未曾谋面的祖父的一张照片。他大约出生于 1870 年，去世于 1940 年。在这张深褐色的照片中，祖父蓄着胡须，目光忧伤，穿着一件破旧的毛衣，系着领带。不管我在房间的哪个角落，都感到他的目光始终注视着我。

我一问到关于祖父的事情，父亲总是说祖父是一位虔诚的宗教信徒。我问，“他做什么工作？”我父亲回答道，“他做研究工作。”我从来都未能详细了解到祖父的生平，和更多关于他的故事。我仅知道他是位虔诚的宗教信徒，他做研究，并不做其他的工作；他的家境贫苦，二战初期在躲避德国人入侵的过程中，心脏病突发而亡。

我的父亲是位来自俄罗斯的移民。1921 年，他与我的母亲一同来到这个国家。我在俄亥俄州的克利夫兰长大，在其后回家探亲时，我曾问起父亲在俄罗斯的经历（我的母亲也是俄罗斯人，1963 年去世），那里的生活怎么样？他是如何离开那里的？我问起他的家庭，问起俄罗斯的孩子是怎么样生活的。

他的回答几乎总是始终如一的，“你为什么想要知道这些情况呢？我们那时很穷，大家都很穷，那里什么也没有。美国是一个神奇的国家。你为什么想要了解俄罗斯？”我的父亲去世于 1989 年，尽管我已经收集到很多他在俄罗斯时的逸事，但我还是不了解他在那里的生活情形，我永远也无法了解那段历史了。

大学毕业后,我获得文学教育硕士学位(M. A. T.),教授了四年半的英语课程,授课对象有从 7 年级到 12 年级的学生。也许是因为做英语教师的缘故,我第一次将了解大家的日常故事和生活细节,作为进行沟通、认知、理解的方式。

将了解日常故事作为沟通和认知方式的说法,似乎不够学术化。20 世纪 60 年代中期,我在攻读教育学博士学位过程中,修读教师教育的研究生课程时,老师们似乎完全致力于通过实验来构建教育学中的知识体系。我在读研究生期间,一直认为教育研究在科学性上不逊于自然科学和物理学。受行为主义影响的实验主义者,一直在我的研究生经历中占据主导地位。我在修读高级教育心理学课程时,教授与大家讨论关于性认知的基础性条件。课堂上有 60 名学生,但教授仍鼓励大家踊跃进行讨论。我举手提出人类之所以不同于老鼠,是因为人类拥有语言,我记不清当时教授是如何回答的,但那并不属于我今天所提出的合作性互动回应的范畴。

那天的经历,使我在第一年的研究生学习中积聚起的被行为主义所压抑和挫败的感觉达到了顶点。从那以后,我的博士导师阿尔弗雷德·格罗蒙向我提出的一项建议让我稍感欣慰:我可以将国家英语教师理事会的早期负责人之一的自传,作为论文的内容。当时我认为他是早有此意,但与我的兴趣并不相关。现在我才意识到,他为我提供了摆脱弥漫在我的研究生学习中的行为主义和实验主义桎梏的潜在路径和方法。

尽管我心存反感,但还是完成了一篇实验性质的论文。我设计了一个关于教师评价学生作品对学生取得成绩的激励作用的研究项目。在这一研究中,划分了获得不同"评价待遇"的小组;设定了不同的自变量和因变量;聘请了一组英语教师,由他们来对"被试"施以我所设计的各种不同"评价待遇"。

此前不久,内森·盖奇(Gage,1963)所著的《教学研究手册》出版。在一定程度上说,这本书在我们的研究生学习中被尊为圣经。我反复阅读了这本书,并发明了一种记忆编码,帮助我记忆坎贝尔和斯坦利(Campbell and Stanley,1963)撰写的"教学研究中的实验和准实验设计"一章中所描述和分析的影响效度和信度的不利因素。

那段时期,我曾一度因实验主义被过分强调而非常恼火,但现在我仍对我所就读的研究生院在教育研究方面的执着精神而深怀敬意。尽管当时我非常排斥这种做法,但现在我意识到,接触过在自己看来已经控制了整个学院的实验主义和行为主义假设,对我而言是多么的珍贵和重要。回想起我的教学和研究,应该说自己职业生涯也是从这种对抗中开始的。那时,也有教授提出了一些其他替代性的观点。这些观点激活了我的思维,帮助我开拓了一条新的认识之路,尤其是注意到社会和文化因素对个体教育经历的影响作用。最后,我所就读的研究生院传递给我一种教育研究的紧迫感,对我产生了深远的影响,也让我一直心存感激。

1967 年,我获得博士学位之后,继续我的教育职业生涯,但我的工作使我对研究深感困惑。我加入华盛顿大学英语系,成为三名英语教学成员之一。当我开始面对在自己的专业领域发表学术文章的压力时,我竟然与教育学院鲜有接触。从某种意义上说,我偏离了自己的研究领域,因为我并不真正信服该领域所惯用的那套方法,所以我根本没有试图运用这类方法来撰写、发表文章。在第一年的个人风格形成阶段,我确实写过一些东西,但并不属于研究的范畴。我经常思忖如果自己继续待在华盛顿大学,我应如何去界定自己与研究的关系。即便我有了实验性经验,我还是不喜欢此类经验,而且作为非常强大而保守的英语系中的一名教师教育工作者,面对文学学术的研究理念,当时我的研究方向并不明朗。

为此,我仅在华盛顿大学待了一年。尽管这是在西北地区著名的公立大学中的一个势力极强的院系中的一个不错的职位,但我还是于 1968 年离开了那里,成为马萨诸塞州大学阿默斯特学院教育学院的副院长。这一阶段发生的事情,本书无意做详细描述(Frenzy at UMass, 1970;Resnik, 1972)。然而,我确信它在我的心目中占据着其他职业生涯阶段无法替代的更高地位。完全可以说,在这里,我们的目标反映出时代的要求以及我们对时代要求的认识。我们的目标是改革专业教育,并让我们的教育学院在实现社会平等方面发挥影响。我一直尊重这些目标所蕴涵的理想主义。由于我们缺乏经验和不谙世事,我们一路走来,犯了很多错误,同时也取得了显著的成绩。随着时间的推移,我们所犯的错误增多,这就需要进行新的管理。在作为管理者从事了六年紧张的管理工作后,我再一次成为了大学的教学人员。尽管我在担任行政管理者期间对高等教育颇有了解,但在从事研究上获得的新经验极为有限。

结束了行政管理任期后,我有幸在伦敦与我的家人一同度过一个休息性年假。我有机会阅读书籍,重拾自己的教学老本行。除了阅读英语教学方面的书籍外(我已经有七年时间没有接触它们了),我还阅读了托马斯·库恩(Kuhn,1970)的《科学革命的结构》,并深入思考了自己在研究生学习期间积累的科学研究的经验。我阅读这本书的时间,应该说正当其时。当我回国后,各类杂志通篇都是"主导范式"。

回国以后,我与罗伯特·伍德伯利共同开设、讲授了"高等教育的领导力"这门课程。当时,一位叫大卫·舒曼的新成员加入到我们学院高等教育领域的教师队伍中。通过讲授这门课程,我对他有了深入的了解。在促使我涉足访谈并将其作为研究方法的许多因素中,与舒曼的相遇和共事,是一个极为重要的原因。鉴于我拒斥在研究生时期学到的研究方法,且在华盛顿工作和担任行政管理人员期间都没有找到新方法,反而促使我成为一个相对较有经验的对研究方法进行探究的学者。

刚开始时,舒曼根据他和肯尼斯·多尔比里共同进行的访谈研究,撰写了著作。尽管舒曼的新书《政策分析、教育和日常生活》直到1982年才出版,但同时他慷慨地让帕特里克·萨利文和我分享了他的方法论,他将其称为"现象学访谈"。他还向我推荐了他在与达尔贝瑞一同进行访谈研究时所读过的文献。我尤其记着他推荐我阅读威廉·詹姆斯(James, 1947)的《关于激进的经验主义和多元化社会的研究》,萨特(Sartre,1968)的《探究一种方法》,马特森(Matson,1966)《破碎的形象》和更为直接相关的阿尔弗雷德·舒茨(Schutz,1966)的《社交世界的现象学》。

我已准备好接受舒曼慷慨地与我们所分享的一切。我记得自己希望将访谈视为一种研究方法的感觉;我记得当听到舒曼的话后,我开始思考什么才是研究人与学校的最佳方法,并在心中构想他所说的场景。不仅如此,我还尝试性地体验了心理疗法。经过这个过程,我更深刻地认识到,语言与故事在人们生活中的重要性——二者是通往认知与理解的桥梁。这些个人经历,使我更坚定地将访谈视为一种研究方法。

萨利文和我共同为社区学院的教师们讲授过一门关于社区学院教学中关键问题的课程。萨利文与他的同事朱帝斯·斯贝德尔,以前曾做过一部关于震颠派教徒*的电影纪录片(The Shaker Legacy,震颠派教徒的遗产,1976),因此我们决定运用从舒曼那里学到的访谈方法,做一部关于社区学院教学的电影。我们从埃克森公司获得一笔捐赠,支持我们对25位社区学院教师就他们"如何步入教学岗位"、"对他们而言教学是什么样的",以及"教学对他们意味着什么"进行了访谈。

这部电影1982年制作出来后,我们又从国家教育研究所获得了第二笔资金,将我们的受访者范围拓展到加州和纽约的社区学院的教师。这项工作,仍是一种非常令人满意的开展研究的方式。我喜欢与人们谈论他们作为教师队伍中的一员所做的工作,也喜欢通过在那里教学的人的经历,了解社区学院的教学情况。我们总计访谈了76位社区学院的教师,在玛丽·布雷·沙茨凯摩尔的努力下,我们还访谈了24位学生,以便了解在社区学院工作与教学的状况。基于这次访谈,产生了一部名为"我们从深入访谈中学到了什么"的手稿草稿,并在我们向国家教育研究所提交的总结报告(Seidman,Sullivan & Schatzkamer,1983)第14章及一部关于社区学院教学的名为《教师的语言》(Seidman,1985)的书中印发。

当我和萨利文一起进行有关社区学院教师的研究的同时,

---

* 译者注:Shaker,又称震颤派,坚持"亲手工作,全心属主"(Hands to Work, Hearts to God)的信念,信奉"凡物公用、不浪费、不懒惰、不虚谈、整洁有序、照顾贫困的社区生活",以简洁和实用著称。

我们开始共同开设了一门研究生讨论课——深度访谈和质性研究问题。我持续主持这门研讨课,并讲授如何进行访谈研究。

我所做的第一个既非文本性也不是实验性的研究,是对社区学院教师进行的访谈。后来,我发现了一种可以在感情上和学术上同时获得满足感的"经验性"的研究方法。尽管研究过程中存在着各种问题和困难,从产生创意、联系受访者,到整理、撰写 3 年访谈的结果,都困难重重,但我仍不断从这种工作中获得极大的满足感。虽然有时候我也感到精疲力竭,但我始终觉得通过访谈来收集大家的故事,并从中理解其经历、意蕴,是一种享受。实践证明,用受访者自己的话来诠释和分享他们自己的故事,并将他们的经历用主题连接起来,是一种加工材料和整理所掌握资料的有效方式。随后,我将用大量篇幅来记述和解释——这是我之所以能从访谈这种教育研究方法中获得的学术乐趣和情感满足的原因。

最后简要介绍的是,尽管本书集中阐述作为一种教育和社会科学研究方法的深度访谈,但我并不建议将其作为唯一或最佳的研究方法。许多学者认为,获得多种来源数据,是质性研究的内在特性(见 Patton,1989)。我希望我所描述、解释和阐明的访谈方法,能够与其他方法一起成为理解外部世界的研究手段。另一方面,我认同这样一个事实,即作为一种主要的甚至是唯一的调查方法的深度访谈,在某些研究情况下是最为适合的。单独运用深度访谈,如果注重技巧的话,能够避免研究者因使用多种方法而引起的紧张局面。如果上述方法以理解他人经历的不同意蕴假设为依据,则尤为如此。

第1章 为什么进行访谈

我之所以进行访谈,是因为我对其他人的故事很感兴趣。简单地说,听故事是理解、认知的一种方式。故事一词,源于希腊词 histor,意思是指“智慧”而“博学”的人(Watkins, 1985, p. 74)。讲述故事,实际上是一个意义生成的过程。人们在讲述故事时,他们从意识流中挑选自己经历的细节。亚里士多德告诉我们,每一个完整的故事由开端、过程和结尾组成(Buthcher, 1902)。为了详细叙述自己经历的开端、过程和结尾,人们必须反思自己的经历。正是对经历的细节的筛选、回忆、整理,以及赋予其以意义,让讲述故事成为一种意义生成的过程(Schutz, 1967, pp. 12, 50)。

人们在讲述他们自己的故事时,所使用的每一个词都是其意识的缩影(Vygotsky, 1987, pp. 236-237)。个人意识开启了理解极为复杂的社会和教育问题之门,因为社会和教育问题是从人们具体的经历中抽象出来的。杜波依斯对此深有感知,他曾写道,“当我通过我最为了解的人的生活来诠释生命本质和种族问题的重要性时,我似乎知道它们的内在含义。”(Wideman, 1990, p. xiv)

尽管人类学专家长期以来一直对人们的故事颇感兴趣,并以此作为理解文化的方式,但这种方法在教育研究中尚未被广泛接受。多年来,试图将教育学发展成为大学中众所推崇学科的学者指出,教育学可以成为一门科学(Bailyn, 1963)。他们敦促教育界的同事们,参照自然科学和物理学科的研究范式来设计自己的研究模式。

20 世纪 70 年代,针对实验、定量和行为主义者在教育研究中占据支配地位的现状,引发了一场抵制反击风潮(Gage, 1989)。批评抨击力度很大,这也反映出当时对实验主义权威的普遍抵制倾向(Gitlin, 1987,第四章)。此后,教育研究被一分为二,形成两个不断交锋的阵营:定性派与定量派。

值得注意的是,20 世纪 70 年代中期到 80 年代初期,正当高等教育经费下滑时,两大阵营之间的争论却愈演愈烈,辩论也越发走向极端(Gage, 1989)。然而,研究立场性的争论实际上受到认识论差异的影响。每类方法所包含的关于事实的性质、认知者和被认知者之间的关系、客观性概率、普适性概率等方面的根本假设是互不相同的,并且在很大程度上是相互矛盾的。为了理解这些假设方面的根本差异,我推荐您阅读詹姆斯(James,1947)、林肯和古巴(Lincoln & Guba,1985,第 1 章)、曼恩赫尔(Mannhein,1975)和波兰伊(Polanyi,1958)的相关著作和文章。

对于有兴趣将访谈作为研究方法的人来说,两大阵营之间最有说服力的论据,可能是语言在对人进行调查过程中的重要性。波匋克斯(Bertaux,1981)认为,那些要求教育研究者去模仿自然科学的人们,似乎忽视了自然科学与社会科学在研究对象方面的差异:社会科学的研究对象能够交谈和思考。“如果有机会进行畅谈,人们似乎相当了解将会发生什么”(p. 39),这一点与星球、化学品或杠杆非常不同。

人之所以为人,最重要的一点就是人类拥有运用语言来描绘其经历的能力。要想了解人类的行为,就意味着要理解语言的运用(Heron,1981)。海瑞指出,对人类调查研究的初始、原本的典型情况是,两个人彼此交谈和相互提问。他指出:

> 语言的运用,本来就……在其范式中包含着合作性质询;鉴于语言是人类用于诠释和预言的基本工具,很难再

找到更为重要的对人类进行调查研究的手段。(p. 26)

因此,访谈是一种基本的调查研究手段。在人类有记载的历史中,记述经历是人类提炼、升华其经历的主要方式。但是,有人会问,“讲故事是科学的吗?”彼特·瑞森(Reason,1981)回答说:

> 最好的故事是能打动人身心和灵魂的故事,通过讲述,人们可以重新认识自身所遇到的问题和面临的情景。挑战在于要产生一种能够充分服务于这一目标的人类科学。问题并不是“讲故事是科学的吗?”而是“科学能够用来讲述精彩的故事吗?”(p. 50)

访谈的目的

深度访谈的目的并不在于解疑释惑,也不在于验证假设,抑或是通常所说的“评价”(例外情形见:Patton, 1989)。深度访谈的核心是,了解其他人的“鲜活”经历,理解他们对其经历生成的意义(对现象学式研究方法的详细阐述,见:Van Manen, 1990,本文所提到的探索“鲜活”经历的提法,便由其提出)。

对他人抱有兴趣,是访谈技巧的诸多假设前提条件中至为关键的一条。它要求我们这些访谈者将自我中心、自己的意见收敛起来。它要求我们明确意识到,我们并不是世界的中心;它要求身为访谈者的我们,在一言一行中都表现出其他人的故事是重要的。

对于访谈研究而言,最重要的是对其他个体的故事感兴趣,因为这些故事是有价值的。这就是我们的受访者之所以难以用数字编码,以及为受访者[①]另起假名是一项复杂而敏感的任务的原因所在(见:Kvale,1996,pp. 259-260,关于乱用假名所造成风险的分析)。如果那样做,他们的故事便违反了数字匿名和冒用假名的规则。冒然坚信我们已经了解得足够多,不需要去了解别人的故事,不仅是不明智的,也易使我们走向极端,侵犯他人(Todorov,1984)。

舒茨(Schutz,1976,第 3 章)为我们提供了一些相应的指导性原则。他指出,首先要明确的是,完全了解他人几乎是不可能的,因为这样做意味着我们要进入他人的意识流,重新经历他人已有的经历。如果真正完全了解他人,也就等于我们确实变成了另一个人。

在认识到我们对他人了解的有限性的同时,我们仍可以通过诠释他人的行为来了解他们。舒茨举例说,比如在树林间行走,看见一个人正在砍树。观察者可以对这种行为进行观察,对伐木者产生"观察性了解(observational understanding)"。但

---

① 研究者为受访者所选择的称谓,经常蕴涵了涉及研究者访谈目的和相互关系的观点方面的重要信息。在访谈法的有关文献中,使用过一系列的术语。"被访者(interviewee)"或"应答人(respondent)"(Lincoln & Guba,1985;Richardson,Dohrenwend, & Klein, 1965)将访谈对象命名成一个被动参与者的角色,将访谈看成了一个一问一答的过程。一些著者也将受访者称为被试主体(subject)(Patai, 1987)。一方面,可以说这一术语具有积极意义,它将受访者由客观事物转变成了主体对象。另一方面,这一术语隐含着访谈关系是具有等级性的,受访者处于从属地位。替而代之的是,人类学家倾向于使用"信息提供者(informant)"一词(Ellen,1984),因为他们所访谈的人员将一种文化介绍给了他们。寻求进行合作式调研和行动调研的研究者,可能将所涉及的研究对象称为合作研究者(co-research)(Reason,1994)。这一术语的选用,对你如何设计研究、收集及解析信息数据具有重要的意义。

在寻找我们想要选用的术语时,我和我的同事着眼于这样一个情况,深度访谈鼓励人们在他们的生活背景中重构自己的经历。为了反映所访谈人员的主动地位,我们选用了"参与者(participant)"(译者注:本书下称"受访者")一词。这一称谓似乎包含了双重含义,即参与深度访谈的积极性和我们试图在访谈关系中建立的平等性。

是观察者通过此次观察所获得的信息,可能与伐木者对其自身行为的看法并不完全相符(类似地,可以用同样的方法来观察学生或老师的问题)。为了解伐木者的行为,观察者必须找到通向伐木者"主体性想法(subjective understanding)"的渠道,也就是把握他是如何来理解、诠释自己的伐木行为的。舒茨认为,将行为放在一定的背景中才能把握其真正含义。伐木者伐木是为了出卖原木、自家取暖,还是为了锻炼身体?(舒茨对这一见解的完整而详尽的解释,见:Schutz,1976,第 1-3 章。舒茨观点的第一手材料和基于现象学的第二手材料的研究方法论,见:Moustakas, 1994)

访谈提供了了解人们行为背景的手段,从而也为调查研究者提供了把握行为意义的方法。在深度访谈中,一个基本的假设是,人们对体验的理解和诠释,影响了其践行相应经历的方式(Blumer,1969,p. 2)。观察教师、学生、校长或顾问,可以了解他们的行为。访谈则让我们将行为放在特定背景中加以理解,并提供了深入了解其行为的方法。我所读过的关于背景对于把握意义的重要性的书籍是,埃里奥特·米什勒(Mishler,1979)的《背景中的含义:还有其他的类型吗?》,他后来还将这一主题融入了他的著作《访谈研究:背景和叙事》(1986)。伊恩·戴伊(Dey,1993)也在关于质性数据分析的书籍中,强调了背景对数据解释的重要性。

访谈:"特定的方法"还是"普通的方法"

调查研究者对教育性组织、机构或流程进行调查研究,主要是以个人、建立组织的"他人"或流程的执行者的经历为主的。"教育"等社会性抽象概念,最容易通过工作和生活在抽象概念具象化过程中的个体的经历来加以理解(Ferrarotti,1981)。因此,虽然对美国学校教育的研究已颇为广泛、深入,但鲜有研究涉及学生、教师、行政人员、顾问、特殊科目教师、护士、心理学家、咖啡店店员、秘书、校园巡查员、校车司机、父母和学校委员会成员的见解,而这些个人或群体的体验,才是学校教育的重要组成部分。

调查研究者可以同时通过调阅相关个人和机构的文件,通过观察,通过探究历史,通过实验,通过问卷和考察,以及对现有文献的整理来把握人们的经历。但是,如果调查研究者的目的是了解教育领域中的人们对其经历的意义认知,则访谈提供了一种必要(当然常常不是完全充分的)的调查研究方法。

某些教育学研究者也可能提出,与访谈相比较,上述的其他调查研究方法是了解人们经历及人们对其经历理解的更有效的、成本更低的方法。然而,我不认为只有一种方法是正确的,或某种方法优于其他方法。1957 年,霍华德·贝克尔、波兰奇·吉尔和马丁·特罗之间所进行的一轮辩论,至今仍备受关注,原因之一就是贝克尔和吉尔倾向于主张,参与性观察是收集关于社会群体的信息、数据的唯一有效方法。而特罗提出了不同观点,认为访谈在一定意义上要远远优于其他方法(Becker & Geer, 1957;Trow, 1957)。

研究方法的适当性,取决于研究目的和所提出的问题(Locke,1989)。如果研究者提出了一个类似于“人们在这间教室里是怎么做的”的问题,那么参与式观察可能是最佳的研究方法。如果研究者提出“排位系统中的学生编班是如何与社会等级和种族相联系的?”,那么调查法可能是最佳的方法。如果研究者质疑新课程是否会影响学生在标准化测试方面的成绩时,那么准实验性的干预研究法则可能是最有效的方法。当然,研究旨趣并不是永远或经常如此轻易就能确定的。在很多情况下,研究旨趣是分为不同层次的,因此,多种方法的运用可能才是恰当的。但是,如果研究者的旨趣在于学生在教室中的状态,他们的经历,以及他们所体会到的经历的意义,即舒茨(Schutz,1967)所说的他们的“主体性理解”,那么我认为在大多数情况下,访谈法可能是最佳的调查研究方法。

我之所以说“在大多数情况下”,是因为对低于一定年龄段的人而言，如儿童，访谈法可能并不一定起作用。但是，我并非排除与更幼小的儿童一起聊天，询问他们的经历和体验。卡尔莱勒（Carlisle，1998）访谈过一年级学生，询问他们对文学艺术的看法。结果发现，尽管由于年龄特征的原因，她不得不缩短访谈学生的时间，但她还是成功地获得了一年级学生的读书体验。

为什么不访谈

访谈研究需要花费大量的时间，有时候还要投入大量的经费。研究者必须确立项目概念，确认获得受访者同意并与其进行联系的渠道，访谈他们，转录数据，并对材料进行整理加工，分享他或她所获得的体验。据我了解，有时候一名研究新手之所以选择一种方法，是因为他或她认为这种方法较之其他方法更为容易。任何一种调查研究方法，都值得花费时间、心智、精力和经费来研究。如果研究者没有实力聘雇助手来协助进行磁带的转录工作，那么他或她的工作就会遇到障碍和困难（见第 8 章）。

访谈要求研究者，建立了解其未曾谋面的潜在受访者渠道，获得与之联系的方式。如果他们羞于介绍自己的情况，或不喜欢打电话，那么迈出刚开始的第一步的难度极大。另一方面，一旦克服羞涩心理，采取主动姿态，建立联系渠道，规划日程安排并完成第一轮访谈，研究者将会获得强烈的满足感和成就感。

我的观点是，目前研究生通常所做的研究项目以及我正在详细讲授的科目，较之我在修读博士学位时对其的认知，都已经更为个性化和多元化。学生们可以选择他们乐意运用的研究方法。但在一些研究生的研究项目中，或许要为这种自由选择付出一定的代价：那些钟情于质性研究的人，可能不一定学习、掌握所谓的“量化”研究的原则。因此，出现一些学生并不了解他们所运用方法的来龙去脉，或不了解教育发展中实证主义和实验主义对质性研究方法的评论(有志于掌握这些评论以作为其研究工作基础的初学者可以参见:Johnson, 1975;Lincoln & Guba,1985)。

在读研究生必须了解发生于20世纪七八十年代,并一直延续到21世纪的所谓研究范式之战(Gage,1989)(Shavelson & Towne,2002)。如果学生们不了解这场论争历程和论争所发生的领域,就可能会不理解其自身在其中的位置和这场论争对其事业发展的影响。如果在读博士生选择了访谈法,将其作为撰写论文或进行早期研究的方法,那么他们应当知道自己选择的质性研究在教育研究史上并不占据主导地位。尽管质性研究在过去的30年中已经获得立足之地,但不少专业组织、一些教育杂志和由高级职员组成的权力机构,经常被偏好于定量研究的人所把持。而且,联邦政府业已实施的指导联邦基金管理机构向遵循"科学性"标准方法的研究者提供奖励的法律,对质性研究者提出了叠加性挑战(见《2002年教育科学改革法》第102条和第18条,"科学性"的定义)。在一些研究领域中,选择质性研究而非量化研究的在读博士生,可能要投入更大的精力来证明自己是可以信赖的。他们必须乐于置身于传统的教育研究系统的中心之外,还必须学会寻找支持质性研究方法的资助机构、杂志和出版商(关于上述问题的一些讨论,见 Mishler, 1986,esp. pp. 141-143;Wolcott, 1994,pp. 417-422)。

尽管采用何种研究方法是由研究者自己决定的,但进入教育研究领域的人必须知道,一些研究者和学者将这种选择看作是立场性和道德性的抉择(见 Bertaux,1981;Fay, 1987;Gage, 1989;Lather, 1986;Popkowitz,1984)。支持质性研究的人,常持很高的道德标准。还有一些评论者宣称,定量研究将人类变成了一堆数字。但是,质性研究中也同样涉及严肃的道德问题。在我读过泰德若伏(Todorov,1984)的《美国的征服》后,我开始意识到访谈是将他人转化为客体对象的过程,以使受访者的语言可以符合研究者的利益和喜好。道讷·派特尔(Patai,1987)也提出了相似的问题,她谈到她所访谈过的巴西妇女似乎喜欢访谈活动，但她一旦想到自己可能是在利用她们来获得学术成果，就有一种深深的负罪感。

将访谈法作为获得研究成果的手段，是一个严肃的命题，这给我的工作带来了我至今尚未解决的矛盾和压力。正如派特尔所指出的，访谈法的问题之一是它具有功利性。解决此问题可以采取的措施是，确保受访者就其在研究中的贡献而获得合理的经济回报。但是，从更深层次上说，还存在更为根本的问题，即研究为谁而做、由谁来做和达到什么目的。通常地，由相对掌握实权的人以改革的名义来进行研究。研究也常常仅是为研究者本人的晋升提供服务。实现研究流程的平等是一个始终充满冲突的过程，尤其在社会结构相对不平等的美国，更是如此。

结 论

那么，为什么选择访谈呢？可能你生活中的事件构成与我的情形相同，它们使你“有兴趣”将访谈作为一种方法。访谈是通过对相关个体经历的了解，来加深理解教育和其他重要社会问题的有效方法。作为一种调查研究方法，访谈是最适合人们通过语言来理解意义的研究方法。它肯定了个体的重要性，同时也没有损毁进行联合和协作的可能性。最后，对那些对他人的故事很感兴趣的研究者来说，访谈是最令他们感到满足的事情。

第2章 深度的现象学访谈结构

访谈一词包含了一系列的实践活动。有的调查研究中的访谈结构严密,访谈的问题通常采取预先设计的、标准化的封闭格式。与之相对的另一种形式是开放式、没有明显结构化的人类学式的访谈,按照斯普拉德利(Spradley,1979)观点,可以将访谈看成是友好的谈话(关于访谈的多种模式的介绍,见Bertaux,1981;Briggs,1986, p. 20;Ellen, 1984, p. 231;Kvale, Richardson, Dohrenwend, & Klein, 1965, pp. 36-40;Rubin & Rubin, 1995;Spradley,1979,pp. 57-58)。

然而,本书主要介绍我和同事们所提出的基于现象学的深度访谈。所用的方法,包括生活史访谈(见 Bertaux,1981)和基于现象学与阿尔弗雷德·舒茨(Schutz,1967)观点中所提出假设的要点的深度访谈。我在本章中所介绍的访谈结构、访谈技巧,以及本书后续章节中所介绍的数据分析方法,都源于这些理论(关于访谈技巧和访谈方法的理论基础之间关系的深入讨论,见:Kvale, 1996,第3章)。

就这种方法来说,访谈者主要运用开放式问题。访谈者的主要任务是,组织受访者就这些问题提供答案,并对其进行研究。目标在于,让受访者在所研究课题中重构他们的经历。

适用于这种访谈方法的问答题目范围广泛,几乎覆盖了当代人们所经历的所有问题。这些年来,与我合作研究或保持联系的博士生们,在他们的论文和出版物中探讨过以下话题:

- 十一年级的学生作者(Cleary, 1985,1988,1991)
- 在城区学校教学的学生(Compagnone, 1995)
- 英语教师的第一年从教经历(Cook,2004)
- 阅读的理论定位与阅读实践之间的关系(Elliot-Johns, 2004;获得加拿大教师协会 2005 年杰出论文奖)
- 美国研究生项目中的中国内地女生经历(Frank,2000)
- 成为大学教师的黑人爵士乐音乐家(Hardin, 1987)
- 非英语母语学生在英语主导的教室的经历(Gabriel, 1997)
- 传统型白人学院中执教的非裔美国表演艺术家(Jenoure, 1995)
- 赠地大学中的咨询(Lynch,1997)
- 教学中存在的学生性别问题(Miller,1993,1997)
- 职业高中学生的文艺体验(Nagle,1995,2001)
- 教师的影响轨迹(O'Donnell,1990)
- 重回社区学院学习的妇女们(Schatzkamer,1986)
- 体育教师的工作(Williamson,1998,1990)
- 女同性恋型体育教师(Woods,1990)
- 年轻黑人父亲的做父亲经历(Whiting,2004)
- 英语作为第二语言课程的教师(Young,1990)

在上述前期研究和学位论文研究中,访谈者通过考察这些研究范围内人们的具体经历和相关经历对他们自己的意义,揭示了目标领域中存在的复杂问题。

三轮访谈序列

也许可以说,深度的现象学访谈模式最显著的特征是,与每一位受访者进行三轮各不相同的访谈。一旦将人们置于自己生活和与其他人互动的背景中,他们的行为就会变得更有意义、更容易理解。没有背景信息,几乎不能探索人们的经历所含的意义(Patton,1989)。提出访谈研究主题的访谈者,通过安排与未曾谋面的“受访者”点对点式的会面,力图获取微妙的隐含信息(Locke, Silverman, & Spirduso, 2004, pp. 209-226,基于此类研究的读者视角,一些通用的质性研究的相关代表性观点,见:Misher, 1986)。

多尔比里和舒曼(Dolbeare and Schuman, 1982)为这种研究模式设计了富有特色的三轮访谈序列,让访谈者和受访者一起探索经历,并将其置于相应的背景之中。第一轮访谈,探询受访者获得经历的背景。第二轮访谈,让受访者在其所依背景中重构亲历过程的细节。第三轮访谈,鼓励受访者反思其经历对自己的意义。

第一轮访谈:着眼于生活历程

访谈者在第一轮访谈中的任务是,围绕当前的既定研究主题询问受访者,让受访者尽可能多地谈论其经历的背景信息。在对马萨诸塞州东部长坪专业发展学校教师和学生指导者(O'Donnell et al. , 1989)进行访谈的过程中,我们让受访者在90 分钟内,讲述他们成为教师或学生指导者之前的经历,以获知相关的生平背景信息。

我们请受访者回忆早期生活,再现他们在家庭、学校和工作中的经历。因为这些访谈研究的话题是和他们作为教师或学生指导者有关的经历,我们着眼于受访者自己过去在学校的情形,以及在从事专业发展学校的有关项目之前参与的营地指导、辅导或训练等情况。

我们请受访者将担任教师或学生指导者的经历,作为其生活历程的一部分。在这个探询过程中,我们避免问“你为什么会成为一名老师(或指导者)?”而询问他们是如何参加到现在这个项目中来的。我们通过询问“怎么样”,希望他们再现并讲述以前在家庭、学校和工作中的一系列事件,从而将其从事职业发展学校相关项目的经历,放到他们自己生活的大背景中

(Gergen, 2001,介绍了自我界定的讲述能力)。

第二轮访谈:经历的细节

第二轮访谈的目的在于,集中了解受访者在研究主题范围中的目前生活状态的具体细节。我们请他们重构这些经历的细节。在实地现场对教师和学生指导者进行研究的过程中,我们请他们描述自己的实际工作状态。我们不询问他们的观点,而询问他们的想法得以确立的经历细节。弗雷曼·戴森(Dyson,2004)曾讲到,据他在剑桥大学的老师——著名数学家利特尔伍德估算,当我们处于清醒状态并且参与到现实生活中时,我们看见和听到事物的频率是以“次/秒”为计算单位的。因此,在每天 8 小时的工作中,我们可能参与到大约 30 000 起事件当中。我们在第二轮访谈中的任务是,力争(尽管并不够完整)尽可能全面地重构受访者在既定研究主题领域中的诸多经历细节。

为了将受访者的经历置于社会大背景之中,我们让教师们讲述他们与自己的学生、学生指导者、学校的其他老师、行政管理人员、学生父母和社区之间的关系。在第二轮访谈中,我们尽可能让受访者重构亲历一天的教学工作情景细节,从他们早晨睁开眼开始,一直到晚上入睡为止。我们让他们讲述在学校中经历的所有故事,通过这种方式获取细节信息。

第三轮访谈:反思意义

我们在第三轮访谈中,让受访者反思他们自己经历的意义。尽管这方面的问题可能对受访者的想法会产生一定的影响,但“意义”题项并不能让人获得满足感和收益感。然而,这能揭示受访者的工作、生活和认知、感情之间的联系。此类问题可能宜这样提问:“就你所介绍的成为指导教师之前的生活情况以及你目前的工作情形来说,你是怎样在生活中把握指导的意义的? 它对你意味着什么呢?”类似的问题还可以从着眼于未来的角度提问,例如,“就你在这些访谈中所回忆、再现的内容来看,你认为你的未来将是什么样的呢?"

明确意义或赋予意义,要求受访者关注生活中的各种因素是如何互相作用的,并进而将他们带入目前的状况。此外,需要他们仔细审视目前的经历细节及其发生的背景。探究受访者的过去以厘清导致他们处于现状的背景事件,进而描述他们目前经历的具体细节,这两者的结合为反思他们的现状创造了条件。只有在已经通过前两轮访谈奠定良好基础的条件下,第三轮访谈才能取得成效。

即使已经到了第三轮访谈,我们依然着眼于受访者对自己经历的理解,实际上在整个三轮访谈的过程中,受访者始终都在赋予意义。将经历转化为语言这一过程,本就是一个赋予意义的过程(Vygotsky,1987)。当我们让受访者重构其经历细节时,他们从过去的经历中筛选事件,并在此基础上为其赋予了意义。当我们让受访者讲述他们所经历的故事时,他们将自己的经历划分为开始、过程和结尾三个层面,从而也在赋予其意义,不管是在第一轮、第二轮还是第三轮访谈,无一例外。但在第三轮访谈中,我们在前两轮访谈的基础上,把反思、赋予意义作为自己的中心任务。

遵循结构

我们发现,遵循三轮访谈的结构程式,是相当重要的。每轮访谈本身对达成整个研究目的,以及促成访谈序列中其他活动的有效进行都有一定的作用。有时候,在第一轮访谈中,受访者就可能开始叙述关于其目前工作的有趣故事,但那在第二轮访谈中,将会成为中心议题。这是相当诱人的,因为通过这些有趣的信息交流,可以促使受访者顺理成章地成为主角,而跨越先前的访谈结构。不过,这样做也能够弱化每轮访谈的中心议题和访谈者的阶段性目的。因此,在每轮访谈中,访谈者必须要不断作出多项决策。最有效地实现这种开放式的深度访谈结构的办法，就是访谈者和受访者共同在一系列访谈中能保持一种中心意识。

而且，每轮访谈为下一轮访谈提供细节基础。为了充分运用系列访谈的互动性和累积性的特性，需要访谈者紧密围绕每一轮访谈的目的来开展活动。访谈者的逻辑应该是，失去了对方向的控制，就失去了逻辑性的力量和从中受益的机会。因此，在进行三轮访谈的过程中，访谈者必须在向受访者提供充分的讲述自己故事的空间的同时，也在维持访谈结构的有序有效所需的充分集中度方面作出努力，实现二者之间的微妙平衡（关于这种微妙平衡的详尽阐述，见：McCracken，1988，p. 22）。

访谈的长度

为了实现三轮访谈中每轮访谈的目的，多尔比里和舒曼（Schuman，1982）运用了 90 分钟访谈方式。首次采用这种方法的人，经常反映，“啊，这太长了。我们怎么样来用完这些时间呢？我们将怎样说服受访者同意进行这么长时间的访谈？”

通常地，一个小时代表着一个标准的时间单位，受访者会以这种习惯按小时来“看时间”。然而，一次访谈安排两个小时又显得太长。鉴于访谈方法的目的在于，让受访者重构自己的经历，将自己融入各自的生活中，并体会自己经历的意义，因而少于 90 分钟的访谈似乎太短了。当然，这种访谈时间模式，并不是固定不移或绝对不变的。对于年轻的受访者而言，安排相对较短的访谈时间，则比较适宜。重要的是，访谈的时间长度，需要在访谈开始之前就明确下来。

这种时间安排办法，赋予了各轮访谈以一致性。在时间顺序上，至少也将访谈过程分为开始导入、中间扩展和结束收尾几个阶段。访谈者若欲在既定的时间中开展工作，并想使自己的工作技巧适应这种访谈时间长度，就应当学习、完善自身的技能。此外，如果访谈者面对众多的受访者时，就需要对自己所做的访谈作出规划设计,以便能够有效完成一轮访谈,紧接着顺利进行下一轮访谈。当访谈者开始处理深度访谈所产生的大量资料时,他们便会因为给每轮访谈分配限定的时间而受益。

受访者在给定时间的情况下,也会面临挑战。受访者必须知道他们被要求有多长时间可以利用,他们也不得不对自己的生活经历进行统筹讲述。而且,开放式的访谈时间安排,会产生不期而至的紧张情绪。不过,与我合作过的大多数受访者都很快就接受了 90 分钟的访谈时间安排。90 分钟并不很长,它恰是让受访者感到自己得到充分尊重和重视的时间长度。

有时候,在接近 90 分钟访谈的尾声时,由于当时所交流讨论的话题极为引人入胜,可能会让参与者更乐意将访谈进行下去。尽管有人可能会通过突破既定安排,进行"超时"访谈来获得新的见解,但依我的经验看,这种情况往往会减少获益。由于延长访谈时间,可能会冲淡访谈者既定的目标,同时会损伤受访者对事先承诺访谈内容的信任。

一种相关联的现象是,有时候受访者在访谈收尾和录音结束后,仍在继续他们的讲述。由于受访者似乎突然愿意谈及以前尽力回避的话题,这样访谈会临时性延长,此类情形很有吸引力。问题在于,这种"事后谈话"并没有被录音,通常也并未包括在书面同意书中(见第 5 章)。尽管这些材料可能会非常有趣,但最终还是难以加以利用。

访谈的间隔

就我的经验而言,如果访谈者能将每轮访谈之间的时间间隔控制在三天到一周左右,那么三轮式访谈结构的作用最为突出。这种间隔处理方式,可以让受访者既有时间来反思前一轮访谈的情况,又不至于忘记两轮访谈之间的关系。此外,有效的访谈间隔,可以让访谈者在 2 ~ 3 周的时间内与受访者一同合作完成访谈。这个时间间隔长度,降低了影响访谈的异常情况发生的可能性。比如说,受访者可能由于度过了遇到麻烦的一天、生病,或受到外界的干扰,以致影响既定访谈的质量。

此外,访谈者先后三次开展长达一个半小时的访谈,将对访谈者与受访者之间关系的培育发展产生积极影响。虽然访谈者向受访者提了许多问题,但其自身也付出了时间,做出了合作性努力。通过为确认访谈时间和日程安排(见第 4 章)而进行的访问、电话交谈和书信联系,访谈者有机会与受访者之间建立密切的关系。

访谈结构和流程的替代方案

研究者可根据需要,合理设计与上述访谈结构和流程不同的替代方案。只要访谈结构能够顺利实现受访者在他们的生活背景中对自己经历进行重构和反思,就可以取代三段式结构、访谈持续时间长度和访谈间隔安排。但过分偏爱一种模式,可能造成你无法利用访谈结构的初衷和意图。

我们的研究团队也试着改变各轮访谈之间的间隔,通常是随着我们的受访者的需要而进行变化。有时候,当受访者由于无法预见的复杂情况而错过了访谈,我们就选在同一个下午进行第一轮和第二轮访谈,而不是在两轮访谈之间间隔几天或一个星期。有时候,受访者也可能在 2 ~3 周内无法安排访谈。一旦受访者在我们与之联系后的第二天提出要去度假,我们就在同一天与他进行第一轮、第二轮和第三轮访谈,以收到合理的效果。

在访谈领域中,并不存在有一成不变的事情。很少有仅受一种访谈方法程式影响的研究。目前,大多数研究者认为访谈属于刺激-反应参照模型,但在深度访谈中有这一点还是远远不够的(Brenner, Brown, & Canter, 1985;Hyman, Cobb, Fledman, Hart, & Stember, 1954;Kahn & Cannell, 1960; Misher, 1986;Richardson et al. , 1965)。设计访谈方案的主导原则是,努力寻求可重复的和可记录的合理流程。要记住,这是一个不存在十全十美的世界。通常,实施不完美的访谈,总比无法实施的理想型访谈或不进行访谈要好得多。

谁的意义? 效度和信度

访谈所涉及的内容是谁的意义? 研究者在演讲、文章或书籍中论及的观点又是指谁的意义? 这并非一个简单的问题。访谈的结构、流程和实践的各个方面,都应把访谈者和访谈情景对受访者重构其经历的影响降到最低作为目标。但是,不管我们如何朝着这一目标努力,事实是,访谈者仍只是访谈活动的一个组成部分。他们提出问题,回应受访者,有时候甚至分享他们自己的经历体验。况且,访谈者还要对材料进行加工,从中加以筛选,对其进行解释、描述和分析。尽管访谈者也受到训练和指导——要保持受访者本人赋予经历意义的原初状态,但访谈者毕竟也属于访谈流程的一部分(Ferrarotti,1981;Kvale, 1996;Mishler, 1986)。

访谈信息数据收集者与受访者之间的互动,是访谈活动本身所固有的。这也是其他质性研究方法所特有的,如参与式观察法。我认为,这也是大多数实验研究和准实验研究方法所固有的,尽管开发了很多复杂、精深的方法来对其进行控制,但仍无济于事(Campbell & Stanley, 1963)。

然而,质性研究方法与量化研究方法之间的主要差异是,在深度访谈中,我们认同、确认发挥研究工具作用的是作为人的访谈者。这胜于谴责影响整个流程的用以收集资料的工具,我们认为访谈者是具有很强机敏性、灵活性、适应性的"工具",他们能够凭借技巧、智慧和理解力来应对各种情况(1985, p. 107)。

尽管访谈者努力使访谈生成的意义,能体现受访者重构、反思的结果,但访谈者必须认识到,这种意义在一定程度上是受访者与访谈者进行互动的产物。只要认识到这种互动以及其发生的可能性,访谈者就能够运用相应的技能(见第 6 章),将因自己在访谈中所扮演的角色而造成的信息失真(见 Patton, 1989, p. 157)最小化。

是任何人的意义吗

我们怎样才能知道受访者告诉我们的信息是真实的?如果对于某受访者是真实的,那对其他人也是真实的吗?如果访谈另一个人,会得到一个不同的意义吗?或者如果我们在一年之中的不同时间进行访谈,受访者会采取不同的方式来重构、再现他们的经历吗?或者如果我们选择不同的人作为受访者,我们会就手头上的问题得出完全不同或可能相矛盾的答案吗?这些都是研究者所面对的效度、信度和普遍性问题中所隐含的难题。

很多质性研究者不同意效度概念中的认识论假设。他们认为,应当用新的表述方法和术语来探讨效度和信度(Misher, 1986, pp. 108-110)。比如,林肯和古巴(Lincoln and Guba, 1985)用"值得信赖性"代替了效度。他们在进行审慎的探索后提出,质性研究者必须借助"可转换性"、"依赖性"和"可确定性"(pp. 289-332)等概念,来解释他们的所作所为。

另有一些人批评效度和信度等概念所依据的客观主义。科菲勒(Kvale, 1996)将效度问题看作是,研究者为自己的知识主张进行辩护的"技术质量"问题(pp. 241-244)。弗瑞若特(Ferrarotti, 1981)认为,最深奥、完美的知识仅只能通过研究者之间最深入的主体间性获得。这种讨论表明,"效度"或"值得信赖性"等用语都是不充分的。

但是,深度访谈能够回应这一问题——"受访者的表述有效吗?"。三轮式访谈结构相互衔接的特征,增强了访谈成果的有效性。它将受访者的表述置于特定的背景之中。它鼓励参与访谈的受访者在 1 ~ 3 周内来解释特殊日子的事情,并检查其陈述的内在一致性。而且,通过访谈大量的受访者,我们能够将他们的经历联系起来,并根据一位受访者的表述来审查、验证其他受访者的表述。最后,访谈过程的目标在于,了解我们的受访者是如何理解他们的经历并赋予其意义的。如果访谈结构能够让访谈者像了解自身一样清晰把握受访者,那么经过一定的努力可以保证研究的效度。

保证效度的方法示例

在我们的一个中级教师教育项目中,有这样一位参与者,她曾在教会学校从事教学工作多年,但并没有获得执业资格证。她为了获得社会研究领域中高中层次的执业资格证,而参与了这个项目。她同意在教师教育项目的实习现场,就其经历接受我们的访谈。

访谈者在第三轮的访谈中,首先提出这轮的基本问题:"对你来说,充当学生的老师意味着什么?"她回答说:

> 好,我觉得,(微笑)它确实是让我明确了最终决定做现在所做事情的意义,我认为它的意义在于——把教书育人作为自己的职业和事业。因为在我的生活中,我无时无刻不处于教与学之中,这就是我生活的内容。我应当做或是我不应当做?当别人说,"啊,不能干的人,去教学;能干的人,去做事"时,我颇感震惊。教学和教育总体上处于不利的状态之中,并充满了困难。同时,这也影响着我把教师当作职业。我的意思是,我能够记得支撑我的10年前的看法,"哦,不能这样,我将来必定有一天会成为学生的老师",并还清楚记得自己上高中时教师的状况,我认为,"我将永远不会以(他们)那种方式使自己丢脸。"(微笑)所以我认为,这是作出决定的最后一个(停顿)关键因素。

她说的是有效的吗?在第一轮访谈中,她讲述了她如何因财务上的困难而从大学辍学,并在教会学校中当小学老师。在那次访谈中,她还谈到了她如何因为自认为没有从课程中学到足够的知识而放弃求学,她如何转向了其他的学术职业领域,但稍后发现她真正喜欢的还是做老师。

在对她的第三轮访谈中,所采用的资料与她在第一轮访谈

(2 个星期以前)中所提供的材料是内在一致的。在一段时间内能保持内在一致,让人们相信她并没有对采访者撒谎。而且,通过句法的变化、停顿、组织语言、谦卑的微笑,让读者相信她在认真地思考老师对她的意义这个问题,并相信她所说的一切在她说出的那一刻是真实的。

而且,在阅读转录材料时,我们发现访谈者一直没有出声,没有打断她的话,也没有试图在她组织语言时重新对她进行引导,所以她的想法似乎是属于她自己的真正的想法,而不属于访谈者的想法。这是她的语言,它们反映出她在参与访谈时对自己经历的看法。

当我阅读这一段时,我了解了这名特殊的学员的相关故事,也知晓了学员的教学经历的一些片段,而在此之前,我对其确实知之甚少。我开始审视在培训过程中我们优先要求的学员教学,如提升职业承诺水平的需要方面,以及淡化这种需要方面。我开始思忖,鼓励人们作出这种职业许诺的条件是什么。

最后,受访者所谈到的教育领域中的教师职业地位,以及这与她个人的优柔寡断之间的联系,与我们在文献中所了解的关于教师职业的描述一致,并与我们所关注的其他受访者的看法并无不同。为此,我可以将这个人的观点,拿出来与更多的人进行探讨。

与调查问卷法或观察法等其他方法相比,访谈法更能让我增进对这位教师的经历的了解。尽管其他访谈所获得的信息也与她的观点相关,我不能说她就教师这一职业的理解同样对其他人有效。我只能说上述看法适用于她生命中的这一阶段。我不能说她对曾不愿意作出的选择——把教师作为一项事业的意义的理解,将不会改变。与自然法则不同的是,主宰人类生活和社会交往的规则始终处在变化之中——除非我们已经离世。我们对人们经历事件的理解,并不是建立在坚实而不变的平台之上。这种理解总是处于不断变化之中。海森伯格的不确定性原理(Lincoln & Guba, 1985)指出,不确定性也直接适用人类的事务,就像它在物理世界中的作用一样。

我对这一访谈真实性的信心来自于,三轮式访谈的结构,访谈发生的时间段,各阶段的内在一致性和各阶段之间的外在一致性,表述的段落、字节、措辞,甚至是非语言性的表达,以及我从阅读这些段落中获得的信息和学习意识。因为我们非常关注受访者对她自己经历的理解,她所说的话的真实性让我有理由对她的话语的有效性产生信心。

避免机械性的回应

确保访谈效度的多重方法,仍有潜力尚待发掘。现在的问题并不在于多重性,而在于不时出现的一些鼓吹者将有分歧的方法进行极端化的教条主义做法(Gage,1989)。质性方法的倡导者们有可能变得像那些曾经力推量化方法并把持教育研究领域的人一样,教条式地开展研究。

有时候我看到一些博士生的论文,就像我读博士时候那些精益求精地设计程序来对付"工具磨损"和"实验损耗"的人们的论文(Campbell & Stanley, 163, pp. 79,182)一样机械,也在建立"经历踪迹审计"或设计"三角测量"一类的方法(Lincoln & Guba, 1985,p. 283)。我们所需要的,并不是格式化地强化有效性或真实性的方法,而是对其中隐藏的问题给予把握和重视。我们必须解决这些问题,尽力扩充有助于认知和消除无知的方法,认识到从更广范围的视野看,我们的努力实在是微不足道(关于保证效度的"常规性"方法,见:Maxwell, 1996。关于保证效度的"技术性"方法,见:Kvale,1996。给予更高的个人观点的效度,见:Wolcott,1994)。

亲历过程

在读者进一步了解这种访谈方法之前,我建议大家通过一个实习项目来测试自己对这种方法的兴趣,并探寻其中存在的某些问题。与同伴组成团队,就你目前的工作经历或研究生学习经历,相互进行访谈(如果你是在班级的一部分人中开展这一实习项目,那么这种实习能够使你对所在学校的研究生学习有更多的理解)。

运用三轮式访谈结构。因为,这是在较短的时间内熟悉这种技巧而进行的练习。如果你选择这样做的话,每轮访谈时间通常安排在 30 ~ 90 分钟为宜。在第一轮访谈中,向你的同伴型受访者询问她是怎样从事工作的,或是进行研究生学习的。尽可能多地了解,她的生活背景是怎样影响她获得目前岗位的,或怎样影响她成为研究生的。

在第二轮访谈中,让你的受访者尽可能详细地介绍她的工作经历细节,或她作为研究生的学习经历细节。可以问,“你的工作是怎么样的? 你是怎么看你所做的一切的?”

在第三轮访谈中,询问你的受访者,她的工作经历或作为研究生的学习经历对她的意义。你也许可以说,“既然你已经谈到了你是如何看待你的工作的(或者作为一名研究生进行学习的),那么你是如何做好这份工作的(或完成学业的)? 它对你意味着什么?”

为每个访谈安排相应的时间。对访谈进行录音,同时,确保由你的同伴型受访者反过来再为你安排一次访谈。

这个实习项目的价值在于,体验访谈和受访的过程,并考查自己是否触及了访谈过程中的各种可能性。这个实习项目会提醒你注意,作为影响访谈的人应采用什么样的方式。你可能会认识到,静静地坐在一旁听别人说话,同时还要做一个积极的聆听者,始终追随着受访者的思路是很困难的。你也可能开始意识到控制和聚焦的问题。你还可能会发现,你对他人的故事没有耐心或兴趣,或者你会挖掘自己可能与受访者所述相联系的事件。

第3章 研究计划书：从想法到文本再到行动

撰写研究计划书，是一件具有实质价值和象征意义的重要事项。在《如何写作研究计划书》* 这本精彩的书籍中，劳肯、斯皮德苏和赛尔弗曼（Locke，Spirduso，and Silverman，2000）指出，学位论文计划书具有三种实质性功能：规划、交流和建立合作协约。事实上，还有第四种功能，即撰写学位论文计划书并得以通过是最终获得博士学位的关键一步。有时候，计划书的程式化功能会使撰写计划书的工作看起来更难。撰写计划书的过程，让撰写者从学生转变成了研究者。

作为程式的研究计划书

从某种意义上看，要成为一名学者，就像是参加一个俱乐部。与绝大多数带有排他性的俱乐部一样，总有俱乐部会员、非会员的区别。其中，也有精英人才和普通人士之分。对会员来说，既有属于会员的特权，也有针对违规的惩罚办法。从一定意义上说，在俱乐部中取得的成功代表着一种优势，但这种成功有时会受到种族、性别和阶级等在最初加入俱乐部时的入

* 本书第5版的中文译本将由重庆大学出版社于2009年4月出版。

门因素的影响,或受到先于自己已经成为会员的势力的影响。

尽管压力、焦虑、紧张和冲突影响着在院校机构中工作的人,这与在其他行业工作的人一样,但院校机构的教学工作者,被给予了阅读、写作、教学和研究等愉悦身心的活动。例如,对于公立学校的教师来说,我们有很大的自由来支配自己的时间,安排自己的职业活动。并非所有教育学专业的在读博士,都将在学院或大学中谋取教师职位。但是那些借助博士学位在教育系统中获得领导职位的人,常常对工作、生活拥有令人艳羡的自由度。

已经获得博士学位的人,常常在这个俱乐部里发挥着守门人的作用。在守门人们所设定的提交计划书、审查计划书和批准计划书的程式中,博士生和博士生导师之间的影响力对比关系是相当不平等的(见劳肯等,关于博士生与博士生导师之间复杂关系的深层次探讨,Locke et al. ,2000,第 2 章)。男性至上主义、种族主义、阶级主义和组织机构政治等因素,都会影响这种相互关系的变化发展过程。如果这种关系是不平等的,那么程式就可能将导致产生过分的紧张和焦虑。在计划书阶段,每个人都不得不投入大量心智来协调在读博士生和指导委员会之间的关系。

研究任务约定

当一位在读博士的博士论文项目进展顺利时,他的研究选题常源自以前的研究工作。课程研究、实地考察、实习、现场研究和综合考核等,都可能将博士生引入其拥有一定兴趣的研究领域。如果博士论文项目的情况并不乐观——或如指导委员会成员有所变动,或如博士生被说服放弃自己的兴趣,而转攻某位教授所感兴趣的领域——那么,博士生可能在早期的研究阶段取得进步而非确立具有个人旨趣的选题。肯尼斯・里伯曼(Liberman,1999,p. 51)指出,如果在读博士没有真正看好自己的选题,没有为自己的研究选题的内在价值所触动,那么他们的研究工作将缺少一种真实的感觉。在这种情况下,撰写研究计划书带来的痛苦可能要远大于满足感。

有些情况下,在读博士加入了一个已经选好主题的研究项目,他们可能会很快让他们的同伴感到很紧张,因为他们看起来有很强的研究能力和自信。我的感觉是,这种自信往往被放错了地方。博士论文项目的研究过程,原本应当产生某些新的研究方向,带来对新领域的研究兴趣以及开阔博士生的眼界。如果不是这样,博士生就是在做“后顾”而非“前瞻”的工作。

实际上,撰写研究计划书的主要原因之一是,发挥计划书的规划功能(Locke et al., 2000)。尽管约瑟夫·麦克斯韦尔在他的倾心力作《质的研究设计》*(Maxwell,1996)一书中,将研究设计与计划书撰写分离开来,但我的经验是,撰写研究计划书对在读博士来说,是一次明晰自己研究设计的宝贵机遇。为了做好研究计划,博士生必须估量自己已经走过的研究历程,并约定自己将可能进军的领域。这可能是压力很大的一个环节。

我记得,一位出色的在读博士曾花了6个月来撰写他的论文计划书。问题既不是他找不到一个选题,也不是他要寻找到一种方法,只是僵滞在计划书撰写上了。6个月后,他依然无法克服撰写的障碍,最终他说出了他停滞的原因,其实是对自己作为新“俱乐部”成员身份变化的焦虑。他谈到,他是在工人阶层中长大的。夏天时邻居坐在门厅的台阶上喝着啤酒,这也正是他们的父母仍正在做的事情。他并不确定自己是否要离开这个前厅,而开始去大学教师聚会的客厅里喝白兰地。对于很多在读博士而言,完成自己的学位论文,意味着致力于开拓一种新的职业和个人身份,而这可能是相当艰难的。从很多方面看,撰写学位论文计划书是博士开展论文研究过程中的关键

---

* 本书第2版的中文版已由重庆大学出版社出版。

一步,而这一过程几乎无一例外地具有明显的复杂性。

从想法到语言

很多学生在撰写研究计划书的过程中遇到困难,因为他们受到了读者意识的困扰。这一过程似乎被博士生指导委员会和研究伦理审查委员会所左右,因为博士所提议的研究需要得到这两个委员会的批准才行(关于研究伦理审查委员会的相关情况,见第 5 章)。如果这些读者发挥了主导作用,那么写作就会变得更容易一些。博士生与其着眼于他或她自己所想要说的话,还不如通过筛选每一句话而选出委员会所期待和将接受的内容。

有关研究的最初想法,往往存在于人们的内心语言状态之中。这些想法转瞬即逝,常常在可预知的意料之中,但并不稳定(Vygotsky, 1997),从而致使与之进行交流变得相当困难。然而,内心语言中的这些想法肯定能够被进一步明晰、固定下来。在读博士也必须向委员会陈述,明白无误地传达自己的这些所思所想。

交流研究计划书的关键在于,首先要聚焦到研究意义上。如果一个研究计划书撰写、运行得非常好,那么它能激发博士生按照计划书的思路进行工作研究的兴趣和动力,按照本来的研究意义将内心语言转化为外部语言。然而,候选人常常认为论文计划书的内容和格式,是由外部强加的,论文计划书的格式似乎要比它的内容更重要。因此,研究计划书的撰写会带有机械性和程式化。

还应当做什么

我认为,彼特·埃尔伯(Elbow,1981)提供的那种撰写方法,对上述情况很有帮助。他谈到,在努力撰写研究计划书的整个过程中,既要确立将读者放在心里的读者意识,又要一开始就承受来自外部的压力并撰写得更为完美。他建议,将写作和编辑看作研究计划书撰写流程中的两个不同的阶段。他主张,一直等到编辑阶段,再将读者的认识考虑进去。

为了促成这种划分,埃尔伯建议区分众所周知的自由式写作和聚焦式自由写作。聚焦式自由写作是指,允许作者写作时着眼于自己的研究主题,而忘记读者的看法。这种写作能让作者专心致力于自己研究主题的写作,并在特定的时期内不间断地持续进行下去。如果他们遇到困难,则可以重复他们最后写下的段落文字,或写下"遇阻"这个词以作标记,直到又可以重新进行时再继续写作。对刚刚接触计划书撰写的人来说,可以先从为时 5 分钟的聚焦式写作开始,然后逐渐延长持续的时间。

在研究计划书的聚焦式自由写作阶段结束后,作者可以从中选择所有最具说服力的部分,对其进行润色,从而形成第一稿。埃尔伯还提议,为帮助作者克服由于对读者看法的焦虑而造成的障碍,作者应当在写作快要结束而非开始之时,再根据读者看法的需要和所提交的论文计划书模式,来对自己的草稿进行修订。我建议,有关论文计划书撰写的重要参考书,包括:埃尔伯的《有力地写作》(Elbow,1981);劳肯,斯皮德苏和赛尔弗曼的《如何写作研究计划书》(Locke, Spirduso, and Silverman,2000);马克斯韦尔的《质的研究设计》(Maxwell,1996);以及斯楚姆的《构思质性研究》(Schram,2003)。

研究计划书的框架问题

研究什么

计划书撰写者需要问自己一组简单的问题,这些问题可以分为以下几类:首先是我在“研究什么?”下所提出的一组问题,即我对什么感兴趣?我努力探索和把握的是什么?我的兴趣点是什么?

刚开始时,访谈者会对特定的领域感兴趣。访谈者在研究之初,内心潜伏着一种了解目前状况的意愿。然而,这种意愿是如何开始的?在访谈研究中必须涉及但在实验或准实验性研究中极少问到的问题包括:我产生兴趣的背景是什么?我是如何有这种兴趣的?我在调研中依凭什么,以及我如何才能追寻我的兴趣并对其进行探索?我对访谈对象的期望是什么?

几乎就如生活中的其他事务一样,研究具有内生性的兴趣渊源。访谈者在他们的研究课题中,非常关键的一步是确定自己兴趣的内生性渊源(关于该问题的详细阐述,见 Locke, Silverman and Spirduso,2004,pp. 217-218)。所有研究都是艰难的工作,访谈研究尤其如此。为了维持顺利进行研究所需的精力和能量,研究者必须对他或她的研究主题具有应有的激情。访谈者所需要做的并不仅是寻求研究者的“中立”位置,而是要把握和了解他或她自己的兴趣,以增加源于兴趣的力量。同样重要的是,研究者必须明确自己兴趣的源头,以对这种兴趣进行适当的引导。他们必须承认这种兴趣的存在,以最大程度减少访谈过程中有可能出现的兴趣扭曲现象。在我看来,阐释研究者与其所提出的研究之间的渊源的陈述部分,可能对那些钟情于深度访谈的人至为重要(此类的阐释范例,见 Maxwell, 1996,pp. 123-124)。

最后,访谈者不仅必须确认自己与访谈对象之间的关系,还必须确认自己对访谈对象的兴趣——体现了了解将要出现的情况的真实愿望,从而洞察经历。事实上,如果访谈者与访谈对象的联系密切,将促使访谈者确实不会感到困惑,他们真正想做的事就是合作完成自己的体验,那么为了保证访谈的效果,他们将不必与访谈对象保持很大的距离。这类问题实际上是并不存在的,也就是说,对于访谈者尚没有答案的问题来说,就不再是问题了。

因此,在研究者选择研究主题过程中,其核心问题本身就存在着矛盾。一方面,他们必须选择能够引起自己兴趣、热情,进而能维持访谈研究所需动力、满足进行研究所需体力的主题。这通常意味着,在某种程度上他们必须对自己的研究主题很熟悉。另一方面,在访谈研究中,接受聆听和详细解释的过程是至关重要的,他们必须带着一份纯真、无先入之见和放弃偏见(Moustakas,1994,p. 85)的意识进行研究。能应对这种内在紧张情绪的研究者,将能认真地聆听,提出真正的问题,并充分利用自己所收集的资料开展有效的研究工作。

为什么?在背景中研究

下一组需要关注的问题是,为什么这一研究主题对其他人可能是非常重要的。为什么这一研究主题有重要意义?这一研究主题的背景是什么,为什么这些背景因素对理解是至关重要的?在多大程度上与这一研究主题相关?如果你了解这一主题的复杂性,那么研究效益是什么,谁将受益?有关这一研究主题已经完成的前期工作背景是什么样的(Locke et al., 2000)?你的工作怎样以已有的相关前期成果为基础(关于该问题的重要性的简述,见 Locke et al., 2000;Rubin and Rubin, 1995)?

劳肯和他的同事们在什么是论文计划书的“文献综述”的讨论中,表现得尤为有理有据。他们强调,有时候,那些对已有的前期研究成果的机械总结,违背了研读相关文献的本来目的。应当通过阅读文献,使研究者明晰研究背景,让他们更好地理解该主题的意义,以及过去的研究方式方法,并知晓已有研究的不足之处。这些观点,可以融入到研究计划书的各个相应章节之中,并不需要再分列出单独类似于读书报告的一章(关于该问题的论述,见 Locke et al. ,2000 , pp. 63-68 ; Maxwell, 1996,第 3 章)。

此外,除了思考关于研究主题的背景性历史意义问题之外,激进的人种学者提出,还必须关注这一研究主题与权力、正义性和压制等的关系如何的问题。尤为重要的是,研究主题本身(Solsken, 1989)和访谈方法技术就暗含着权力问题。约翰・若恩(Rowan,1981)也指出,研究者考虑的不仅是自己的研究如何服务于个人兴趣,还包括如何服务于他人的旨趣。研究中受访者的情况怎么样?他们从参与中获得了什么?他们所冒的风险是什么?研究已经规避了现有的各种压制性的行为方式吗?或者研究可以产生能释放内心情绪的认知吗?在一个充斥着不平等的世界中,为什么这一研究主题是重要的呢?(关于社会学基础的重要性探讨,见 Fay ,1987)

怎么做

下一组问题是“怎么做?”,假如研究者已经认定深度访谈对自己的研究来说是恰如其分的,那么在研究中如何去遵循、采用第 2 章所述的现象学式深度访谈的结构呢?我想拿两名运用这种方法进行研究的博士生的例子,来加以说明(我在附录中引用了他们的工作成果)。

马萨诸塞大学幼儿教育专业的在读博士马格里特・希恩(Sheehan,1989),列出以下问题来进行访谈。她对儿童保育研究很有兴趣,愿以此作为自己的职业。她整理综述文献时发现,关于儿童保育工作者的研究,多集中在由于“早衰”而过早离开了该领域的人群的研究。希恩所感兴趣的则是一直致力于该领域的工作者,特别是将提供儿童保育服务作为一项职业的人们。她希望了解他们的经历状况,从而试图破解造成他们在该领域内兴趣长盛不衰的原因。希恩运用了三轮式访谈结

构,具体操作如下:

第一轮访谈(生活史):受访者是怎样成为提供儿童保育服务的人员的?受访者回顾成为儿童保育工作者之前的人生历程。

第二轮访谈(目前的经历):受访者在成为儿童保育工作者后是什么样的?受访者作为儿童保育员的工作细节是什么样的?

第三轮访谈(意义的反思):成为儿童保育员对受访者的意义是什么?根据受访者在第一轮访谈和第二轮访谈中的陈述,他或她对自己成为儿童保育员是怎么看的?

马萨诸塞大学教育学院的博士生图恩·弗德里奇(Fuderich,1995),对遭受过战争之苦的柬埔寨难民儿童的经历研究颇感兴趣。她通过以下的方式,将自己的兴趣融入到访谈的主题之中:

第一轮访谈(生活史):受访者是怎样成为难民的?受访者在来美国之前的人生历程是怎样的?

第二轮访谈(目前的经历):受访者在美国的生活怎么样?她的教育和家庭生活怎么样?

第三轮访谈(意义的反思):受访者怎么看目前在美国的生活?她在自己的人生历程背景之下怎样感受目前生活状况的意义?

谁?什么时候?在哪里?

接下来的一组问题是,研究者将选择哪些人作为受访者,以及他们如何接近受访者并与之进行联系。在第4章中,我们将探讨接触渠道、联系方式和筛选受访者的复杂性。这里所需要讨论的是,研究者在运用的方略方面的考虑。受访者的范围是怎么样的?研究者将采用何种策略来获得受访者?他们如何与受访者进行联系?这种策略可以让受访者的筛选过程随着研究的进行而不断拓展,但是筛选的框架和策略必须在计划书中详细加以阐述。

一些作者指出,质性研究中"如何做"的一系列问题可以随着研究本身的进展而不断呈现出来。在持这种认识趋向者看来,由于质性研究并不是开始于一系列有待于验证的假设,因而并不需要对变量进行严格的控制。而且,由于调查研究是为了了解研究者并没有完全意识到的复杂性而进行的,设计甚至是研究重点都不得不被看成是"新兴因素"(Lincoln and Guba, 1985, pp. 208-211, pp. 224-225)或"灵活因素"(Rubin and Rubin, 1995, pp. 43-48)。

尽管研究者希望研究设计尽可能更具灵活性,这一点当然是可以理解的,但存在着过分强调质性研究设计"新兴"特性的危险倾向。对于没有经验的人来说,它可能会弱化对研究的缜密准备和仔细筹划。它可能会让人们认为,质性研究在某种程度上是一种不可言传的"艺术",或认为那些因为并不认同所谓的量化研究观点而投身于其中的人们获得特殊的地位。(McCracken, 1988, pp. 12-13)。过分强调这类研究设计中的"新兴"特性,有可能造成质性研究的松散性,缺乏重点,以及研究宗旨、研究方法和研究程序的错位。林肯和古巴(Lincoln and Guba, 1985)强调,质性研究的新兴特性并不能被作为进行"无序的和随意的'瞎碰'"的借口(p. 251)。

原　理

尽管社会学中关于研究方法范式的阐释,似乎在迅速地发生着变化(Kvale, 1996; Lincoln & Guba, 1985),进而造成研究者必须对运用深度访谈方法进行辩护,但他们的研究方法取决于个人所在部门的情况。一些部门的研究模式,仍然被实验主义或其他形式的量化研究所主导。也有一些部门的研究方法,尽管存在着实验主义和准实验主义的预设前提,但还是接纳质性研究的。在另外一些部门中,很多教师都偏爱质性研究方法。

不管部门的背景是什么状况,要想让访谈过程对研究者本人有意义,让评审者认为这种方法的运用是可信赖的,就需要研究者掌握自己选择访谈方法而非实验主义或准实验主义研究方法的原由。他们必须把握科学史、实验主义的演进史,以及实验主义的评论等方面的知识,因为它们普遍适用于社会学,尤其是教育学领域。

由于目前质性研究在教育学专业的研究生论文项目中更受欢迎,很多新的研究者并没有被要求学习实验主义或准实验主义研究的假设和规则。如果没有这种背景,质性研究还不觉得他们不知晓这种方法。因此,他们选择质性研究而放弃量化研究方法的原理的依据,就没有本可能达到的那么充分。

至少,拟进行访谈和其他形式的质性研究的人们,都应当阅读一些坎贝尔和斯坦利(Campkell and Stanley,1963)的关于所谓实验研究和准实验研究的内、外部有效性的威胁因素的权威性论文。他们应当影响了教育研究者最早开始探究的问题,而且目前仍影响着教育研究的规则。更好的选择是,仔细阅读科学史和人种学史(见:James, 1947;Johnson,1975;Lincoln and Guba, 1985;Mannheim,1975;Matson,1966;Polanyi,1958)。

处理材料

研究计划书应当介绍,研究是如何利用其所收集的材料来开展研究工作和进行分析的。预先描述这一流程,对于那些正在初次进行经验式研究的人们尤为困难。他们在从未进行过访谈研究的情况下,怎样处理访谈材料是个很有挑战性的问题。在第 8 章中,我们将讨论如何处理访谈材料。我想强调的是,要对受访者话语的重要性给予足够的重视,尽可能地使用这类语言来报告访谈的结果,并关注对个别访谈以及访谈者和受访者之间关系都有益的材料。

当研究者在实践中试图分析和诠释他们所收集的材料时,理论所发挥的作用便成为了问题。一些学者主张,用来对受访者与访谈者所分享的话语进行的甄别和文本化,必然要源于这些话语本身。不能也不应当让这些话语附和于理论,而是从中推导出理论。格拉泽和施特劳斯(Glaser and Strauss,1967)对这种方法进行了广泛深入的探讨,相应的论点在质性研究领域内具有一定的说服力。我认为,它特别反对采用在其他情景中所衍生出的理论架构,以及强行将受访者的语言归于这些理论所衍发出的矩阵并加以匹配的做法。

另一方面我们认为,主张研究者能够抛开理论支撑的想法是天真的。每个人都有自己的理论。理论是人们为了有助于在这些事件之间建立关系而作出的解释,而并非科学家独有的私人财产。访谈者会依据人类行为理论、教学论和学习论、学校组织理论以及社会工作模式理论等,来进行访谈。这些理论中的一些原理是以同种类型的其他理论作为基础的,而某些原理则属于异质性学说。还有一些原理是,源于访谈者从自己已经完成的调研项目中所取得的成果。

一些学者主张,在质性研究中,应当将上述的相关已有成果文献控制在最低的引用范围内,以免对研究者的见解和认识造成不利的影响(Glaser and Strauss,1967)。从一定程度上说,我认同这种观点。如果访谈者并没有低估他们从文献中所收集的资料,那么这种观点还是有利于对受访者的经历进行访谈。

例如,1996 年,我很高兴对琳达 · 米勒-克莱里进行了访谈,她向我讲述了她和她的同事托马斯 · 皮科克正在做的关于美籍印度裔教育者经历的研究(Cheary and Reacock, 1997)。她谈到,在跨文化的访谈中,她特别不愿意事先阅读过多的资料。一旦她确认不得不阅读充分的与自己研究主题相关信息、观点方面的资料,她就开始担心自己的访谈中将可能会充斥着过多的文献中的刻板印象。她指出,“由于我没有阅读很多的资料,所以我才能够提出真实的问题”(L. M. Cleary,个人交流,1996 年 8 月 11 日)。

访谈者必须对访谈进行针对性的准备工作,并清晰把握自己的研究所赖以成立的基础(Yow, 1994,p. 33)。一些研究者还进一步指出,访谈者必须在进行访谈之前,成为自己研究主题方面的专家(Kvale, 1996,p. 147)。

我认为,在研究计划书撰写阶段,持折衷的态度是明智的。阅读足够的资料,从而熟悉研究主题的背景和历史,把握已有文献中关于研究主题的认识,这样做是颇有成效的。尤为重要的是,做到在对相关背景心中有数的条件下来开展访谈,同时真诚地接纳受访者的看法。在访谈结束以后,研究者开始着手认真细致地研读文献资料,反复阅读则对分析、解读访谈材料很有帮助。尽管以前阅读的资料与受访者自己经历的故事不大可能相符,但是在访谈前预先阅读、访谈后反复推敲相关资料,有助于为这些故事提供一个背景,从而使访谈所获材料更加容易理解。

从事教育研究的人们,需要总结、整合的相关资料,领域广泛,数量庞大。通常地,我们都达不到应有任务所要求的标准。但是,对那些严肃地对待任务的人们来说,这是一流的智力工程。这项工作应当在计划书中加以确认、进行综述,在研究最终完成之前全部消化(但不一定要完全在访谈之前完成)。这是一种难于驾驭且变化莫测的工作。它要求在相关文献的观点和访谈受访者的经历之间相互矛盾的说法中,维持一种微妙的平衡。

测试你的设计

作为研究者,我所获得的最好的建议就是测试自己所提议的研究。“Pilot”在词典(Gove, 1971)中的解释是,“在陌生的道路或危险的地方给予尝试、指引”(p. 1716)。尽管说访谈研究要“通过陌生的道路或危险的地方”还为时尚早,但访谈过程中常常出现的意料之外的变故和访谈关系的复杂性,值得研究者在埋头开展研究项目之前对上述问题加以预测性地探讨。

我提议,所有的访谈研究者在自己的计划书中构建一个测试环节,先在小规模的受访者范围内测试自己所设计的访谈结构。这样,研究者将从中了解到自己的研究结构是否真正适用于自己所预设的研究。研究者将把握建立接触渠道、进行沟通联系和开展访谈的实际技巧。通过测试,能让访谈者分清自己所用技巧中的那些支持研究目标的访谈技巧以及偏离研究目标的访谈技巧。在完成访谈测试之后,研究者可以回顾这个过程,反思自己的测试性访谈经历,同博士生指导委员会成员就相关问题进行探讨,并根据自己从测试经历中所获得的认识来修改研究方法(关于研究测试的深入讨论,见:Locke et al., 2000,pp. 80-82;Maxweel, 1996)。

结　论

就像教师必须规划他们的目标、设计他们如何实现既定目标的方法,从而适应他们在教室中所遇到的情形一样,如此之多的研究者都认真地对研究进行规划设计。研究者必须认真、审慎地确定访谈什么,为什么访谈,怎样访谈,访谈谁,访谈的时间和地点。他们在研究开始之初,必须尽可能地明确、聚焦自己的研究意图。这种规划,是周密而细致地应对研究过程中可能出现的各种突发情况的先决条件。

由于深度访谈运用了本质上属于开放式的方法,所以准备、规划和结构设计都变得十分关键。每一次访谈,都需要对研究的方向迅速作出一系列的决策。研究者在没有计划、目标感或实现上述目标的结构的情况下便进入访谈过程,将会造成有关决策无据可依的情形。如果没有为访谈活动认真设计访谈结构,研究者从受访者本人了解的信息发生扭曲,以及将研究者的世界观强加给受访者(而不是引导受访者讲述自己的世界观)的概率会明显增大(Hyman et al., 1954)。

第4章 建立接触、联系渠道并筛选受访者

在筛选开展访谈研究的受访者之前，访谈者必须既拥有接触、获取受访者的渠道，又要与受访者进行沟通联系。因为访谈研究涉及访谈者和受访者之间的关系，访谈者如何获得潜在的受访者，并与之进行联系会影响到这种关系的最初建立，以及访谈过程中的各个后续环节。在本章和后续章节中，探讨了一种在我看来等同于访谈“第一要领”的观点：平等相待。尊重受访者和你自己。在培育访谈关系的过程中，时刻考虑怎样做才能使受访者和你自己是平等的，使访谈结果是公正的。

便捷渠道的危害性

初学的访谈新手，倾向于去寻求获取潜在受访者的最便捷的渠道。他们经常期望在已经建立关系的人员中筛选：朋友、同事、所教过的学生、或与他们存在着某种联系的其他人士。这种做法是可以理解的，但存在着问题。我的经验是获取受访者的渠道越简单，访谈就越复杂。

访谈你所管理的人

在访谈你所管理的人时，其中会存在利益冲突。例如，我曾与一位担任小学校长的博士生共事过，她想就课堂协作式学

习发展项目访谈她学校老师的经历。她和她的老师们都曾积极地参与到这个项目之中,她非常想知道这个项目对他们经历的影响。

在我们的讨论中,这位校长说到她的学校规模较小,并没有庞大繁琐、臃肿的行政机构。她和老师们之间建有亲密的工作关系,她感到老师们都信任她。最后,她认为,尽管她也在这个项目中有所投入,但她仍可以在访谈中保持中立和公正的位置。

然而,平等的访谈关系的原则之一是,不能让受访者在访谈过程中处于过度弱势的地位。在一些层级式的学校系统中,不管学校规模有多小,校长都拥有聘用和解雇教师的权力,并掌控着其他的工作资源,接受校长访谈的教师可能不会敞开心扉,畅所欲言。如果教师知道访谈者在这个项目有所投入,则更是如此了。这种情形下的问题并不在于校长是否能够与受访者保持足够的必要距离,以全面地了解受访者,而在于她所访谈的教师是否在这种寻求了解的过程中有安全感。如果他们感到不安全,则此类访谈的结果是不可能取得成效的。

一条总原则是,避免访谈你所管理的受访者(德莱恩和冒瑟对此进行了简单而具有说服力的探讨,见:de Laine, 2000,p. 122;Morse,1994,p. 27)。这并不是说,前述情况下这位在读博士生不能探索小学教师在协作式学习项目中的经历,而是指她必须力争掌握除她自身以外的学校的教师的真正经历。

访谈你的学生

一些担任着教师职务的没有经验的访谈者,经常试图开展涉及学生的访谈研究,而且他们往往强烈倾向于访谈自己的学生。可以合乎常理地说,要了解教学方法或课程安排的有效性,学生几乎无法就此向他或她的老师敞开心扉,因为教师拥有如此强大的权力,而且教师自己也如此之多地投入到这种过程之中。担任教师的研究者,应当就其他教师以相似的课程安排或教学方法进行授课的情况,对学生进行访谈。

访谈熟人

有时候,访谈新手想在他们所熟悉的人员中筛选受访者,但这些熟悉的人员与研究主题又不太相干。例如,一位博士生正在筹备一个关于成为社会研究者的合作指导教师的复杂性访谈研究。他希望访谈一位没有从事专业指导但在教堂中经常接触这项工作的人。即使是有经验的访谈者,也无法预见到在访谈中可能出现的令人不悦的场面。访谈者必须既要考虑访谈关系,又要考虑教堂中的关系,这些都将可能是限制这种访谈的潜在因素。

又如,在对一个作为合作指导教师经历的访谈中,在教堂中相互熟悉,可能正反应了他/她做学生指导教师的原因是有可自由支配的时间。通常地,访谈者想能进一步询问受访者一些或许让他或她感觉不自在的问题,但在这一情景下这么做可能会影响访谈者和受访者在教会中的关系。访谈者可能会避免直接的后续提问,对将要继续提问的问题进行转换,或出于对访谈者和受访者之间其他关系的关心而以某种将致使访谈过程扭曲的方式进行交流。这种情况下的结果是,研究主题的关键方面得到的是不完全信息或被扭曲的信息。

访谈朋友

一些刚和我合作过的访谈者,想要访谈与他们有朋友关系而容易接触的人。在这种情况中,真正意义上的访谈关系不可能自动形成,从而致使访谈被友谊关系以或明或暗的方式左右着。

一种最不明显的影响方式是,访谈者和作为朋友的受访者,通常都假定式地认为他们能够互相理解。取代对事件和经历的澄清、意义的挖掘探究的是,他们倾向于认为自己理解所讲述内容的意义。实际上,访谈者和受访者之间,需要相互保持不致使双方简单地认为某些事情是理所当然的足够距离(见:Bell and Nutt,2002;Bogdan and Taylor,1975;Hyman et al.,

1954；McCracken，1988；Spradlely，1979）。

审慎对待自己

与我合作的一些博士生，除了对自己很少参与的研究实践过程感到胆怯外，寻求采用简单方式方法的另一个主要原因是没有严肃地将自己看作是一名研究者。初学的访谈者发现，难以想象与一位陌生者坐在一起进行 4 个半小时的访谈。

很多博士生认为，研究是其他人做的事情。我们的教育制度，使得很多人享用研究成果但很少进行研究。这也导致了很多人对出版物持有一种非批判性的态度，并且认为它是很神圣的。从事研究被看作是精英人士的职业，只有那些处于社会顶层的人物才能进行研究（见：Bernstein，1975）。

同时，当学位论文研究没有能有机地跳出原来所做的课程作业、现场实习和独立阅读的范畴之外时，论文就变成了一个必须应付的要求。那些很少在研究中进行实践并将实践看成是一种障碍而不是一种机会的博士生们发现，要在研究课题中确定自己的兴趣、认同作为研究者的身份、知晓研究方法的作用、明了研究成果的价值而不是被动完成要求，是非常困难的。

长期累积的社会不平等，在这个交叉点上对研究者产生很大的影响。我们的研究工作，在很长时期内被看作是拥有社会地位和特权的男人的专利，特别是白种男人的专利。那些不属于中级阶层的研究新手和白种男人必须与这种社会传统进行抗争，在他们的工作中审慎对待自己。一些博士生为了确认在自己项目中的研究者身份，需要在这点上感谢、追随那些建议者和先行者。严肃地将自己看作是一个研究者，是访谈联系中建立平等关系的第一步。

通过正式的“守门人”接触受访者

当访谈者试图联系那些他们以前并不认识的潜在受访者时,他们常常要面对那些控制了与这些人接触的渠道的“守门人”(gatekeepers)。守门人包括了那些完全合法(被他人监护)和自称合法(免除监护)的人员。例如,如果研究者的访谈涉及18岁以下的受访者,接近这类受访者必须经过他们的法定代理人:受访者的父母或其他监护人。尽管通过学校接近这些学生的方式被认为是适当的,但也必须得到他们的父母或其他监护人对这种方式的认可才行。在学校内,学生自己、教师、校长及其他管理者,是研究者必须关注的合法的守门人。

对一些受访者来说,仅仅通过他们工作或居住的组织许可就可以进行访谈。例如,如果研究者想对囚犯就监狱教育制度进行访谈时,这种访谈除了通过警卫人员许可外没有其他的方式(关于对囚犯进行研究的规定,见:Code of Federa Regulation,2001,45/46.305,306)。对处于特定场所的人员的经历进行研究的研究者,无论是在工厂、学校、教堂、人力服务机构或者公司,必须得到这些场所的管理者的同意方可。

另一方面,对在很多场所都发生的经历或活动进行研究,而不是对一些特定场所的活动进行研究,也可能不必通过当局权威的许可。若一位研究者想对一定区域或整个国家的各个地方,任职于高中的教师们的工作进行研究,那么,在这样的情况下,研究者也可以直接去访谈教师,而不必经过校长的许可。

同样,对高中学生的经历而不是对高中这类学校进行研究的研究者,也可以不必经过校长的许可,而直接经过高中生父母的同意即可。然而,在前述这两个案例中,如果研究者没有得到校长的许可,他便不能在学校教学楼内进行访谈。通常地,如果特殊场所不是盘查的主题,潜在的受访者年龄越大,他们参与研究的自主性就越强(例外的情况是,囚犯没有自主性),接近他们的方式也就可能越直接。

在我们开展的关于社区学院教师的研究中(Seidman, 1985),我和合作者访谈了马萨诸赛州、纽约州以及加州内来自于25个不同社区学院的76名受访者。由于我们不是研究个别的社区学院,我们没有通过学院管理者的许可去接近每个参与访谈的教师。另一方面,像我们携带足够大的录音机,去录制符合研究第一阶段中所制作电影的音像质量要求的录音带时,我们的工作从不秘密进行,也难以秘密进行(Sullivan and Seidman,1982)。但是,假使我们使用很小的、袖珍式的录音机时,也不能向他人隐藏我们的访谈。当在大厅里谈及我们在学院内做了什么样的事情时,我们会对课题有关情况进行明确的回答。

只出现了一次例外的情况,一位教师对我们不经过他的管理者许可而直接接近、访谈他的做法,感到不自在。我们告诉他,他需要将我们课题的有关情况和我们想访谈他的意思,告知他的管理者;我们明确声明我们不是对那个场所进行研究。我们提出,如果管理者想会见我们的话,那么我们将很高兴能对我们的课题进行解释,但是我们并不希望寻求获得管理者对访谈每个谈教师的许可和允诺。那位受访者确实通知了她的管理部门,但没有人想会见我们。

有时候,和正式的守门人合作,也许是必要的,但也会充满繁杂的困惑。例如,守门人们可能会允许研究者在他们的组织中访谈雇员,并且鼓励雇员能参加其中。这种鼓励将会引发研究伦理问题,即如果管理者鼓励他们参加的话,雇员还有多大自由不做参与这项研究的自愿者(Birch and Miller,2002,pp. 99-100)。

非正式的“守门人”

有时候,尽管没有正式的守门人,但仍有非正式的守门人(Richardson et al. ,1965)。例如,在做出是否支持某项研究的决定时,占相当数量的教师经常属于被受到广泛监护且需要加以指导的类型。在小组中,常常至少有一个虽没有官方授权但拥有道义规劝权的人。如果这个人参与了这项课题,那便足够了;如果他或她没有参加课题,那么这个小组其他成员常认为一定要有一个好的理由,以便解释他为什么没有参加。从某种程度上说,访谈者能够辨认出非正式的守门人,不是为了通过他们来接近受访者,而是将他们参与课题作为一种表示尊重、便于小组中其他人参与的标志。

另一方面,小组常常有自封的守门人,即使他们没有被正式授权,他们也认为他们必须被告知所有事情且必须对所有发生的事情进行控制。他们的自我看重,在小组内并得不到他人的尊重。避免这些人参与到研究中来,也许是获得小组内其他人参与的最好方法。

接触方式和层级

一般的访谈研究和评估或政策研究之间的一个差别是,后者经常是由与参与的受访者相关的机构所发起的。在这样的研究中,接触受访者的许可权经常是由主管管理者来正式授予的。于是,此类课题便有一种由官方发起的感觉(Lincoln and Guba,1985),这便会影响访谈者和受访者之间的平等关系。访谈者的层级似乎要高于受访者,而不是处于超然于外的地位。

如果可能的话,通过受访者的同伴而不是通过层级制度里处于“上位”或“下位”的人员来建立接触受访者渠道的方式,是非常重要的。虽对访谈儿童来说，通过同伴接触的方式是不可行的。但在其他情形下，如果可能，访谈关系中的平等性要求非常欢迎通过同伴接触受访者的方式。例如，如果你的受访者是教师，那么尽量通过其他教师来建立接近他们的渠道；如果他们是学生咨询顾问，尽一切可能通过其他顾问来接近他们。

进行联系

自己去联系受访者。不要依赖第三方去联系你潜在的受访者。让知道受访者的其他人把你的课题解释给受访者，这种做法看起来似乎是权宜之计，你应当尽力避免这样做。在潜在受访者了解这项研究课题之际，建立访谈关系。第三方也许跟潜在受访者非常熟悉，但是他们几乎不可能对他人的研究课题的本质作出正确的判断。第三方不能把研究者所用的方式有效内化；他们也不可能像研究者那样地投入。第三方在对研究课题进行介绍后，他们很少能对那些自然引发的问题进行回应。通过第三方获得接近潜在受访者的方式是必须的，但应尽可能少地通过第三方来和潜在受访者建立实质联系。

在实际访谈开始之前的联系性访问，有助于筛选受访者并可以为建立访谈关系打好基础。亲自联系访问，也能帮助访谈者和看起来不可能合作的特殊受访者建立良好的访谈关系。访谈者在联系中越细心越周全，他们便越能为访谈关系奠定良好的基础。

亲自联系、访问

电话联系是访谈联系中必要的第一步，但如果可能的话，电话联系应当包括简要的介绍、对访谈者是如何获得受访者姓名等信息进行解释，以及商定什么时候会面等内容。尽量避免向潜在受访者提“是”、“否”参与访谈的问题。对那些没有接触过访谈者或没有听清访谈介绍的受访者来说,一个“是”的简单回答,最后会造成适得其反的后果。一个“否”的回答,会因拒绝而带来的内在压力使得访谈者无所适从(见:Richardson et al. ,1965,p. 97)。电话联系的主要目的是,确定访谈者和潜在受访者能亲自会面,并对研究课题进行探讨的时间。

对单独的、抑或是一组潜在受访者安排特别的联系性访问,需要投入时间、花费资金、付出努力,但这些是值得做的。亲自联系、访问的目的,至少由三方面组成。最重要的一点是,确立访谈过程中必需的互相尊重的基础。通过安排一定时间的单独访问,介绍他或她自己和研究课题的情况。访谈者应对潜在受访者清楚地说:“你很重要,我很认真地看待你的参与。我尊重你和我的工作,所以我单独过来访问你,并向你解释这个课题。”

尽管一对一的联系性访问将会更加有效,但会见一群潜在受访者的方式也是可行的。群访可以对很多人做一次性的研究课题介绍,因此能节省时间。另一方面,一个潜在受访者有关参与研究的评价意见,也能在小组里影响他人的态度。

显然,访谈者不能一直亲自联系、访问每个人,也必须依靠其他方式,如电话和电子邮件等。目前,电子邮件已经成为人们联系过程中最重要的一种方式。和我一起工作的博士生们,与潜在受访者通过电子邮件取得了初步联系,并将模棱两可的结果进行了报告。出于对收到不熟识人士发来邮件的存疑,陌生的初次联系邮件易被潜在受访者所忽视。然而,一旦通过亲自访问、或打过电话或写过常规信件取得联系后,在研究过程中的确认访谈预约、后续安排及保持联系等方面,电子邮件所发挥的作用就显得格外重要。

无论是亲自联系、访问,还是通过电话或电子邮件,尽可能地全面介绍研究的情况,并清晰阐明对受访者的期望,是非常重要的。严肃而又友好的语气、有针对性而又灵活的方式、开放而又简明的陈述,这一切都能提升无论是亲自发问还是通过电话的访谈联系的效果(关于初次联系的重要性的讨论,见:Dexter,1970,p. 34;Hyman et al.,1954,p. 201;Marshall and Rossman,1989,p. 65)。

联系性访问,可以使访谈者在进行访谈之前,对潜在受访者工作或学习的环境比较熟悉。这也能使访谈者熟悉道路情况,以便更好地安排访谈行程。除了建立[illegible]方的互信、对研究课题的情况进行解释外,联系性访问的[illegible]重要的目的是,确定潜在受访者是否真正有兴趣投[illegible]度访谈需要受访者和访谈者都对此有大量[illegible]排 90 分钟的时间进行访谈,不是一件容易[illegible]者理解研究的目的,理解他们如何适应这个[illegible]访谈的顺序,是颇为重要的。

访谈也能开启知情同意的进程,这几乎对所有的访谈研究来说,都是很重要的。尽管我在亲自联系性访问中很少出示知情同意书,但我会通过口头表达方式回顾研究的所有方面及知情同意书所包含的内容,因此当受访者再遇到包括知情同意书等允诺方式时,就不会感到惊奇。我通常在第一轮访谈的时间段里,拿出现行通用的知情同意书,请所有的受访者签字认可。在我实际开始访谈之前的重要时刻,让受访者理解他们所接受的访谈邀请,确认其中将涉及的内容。

建立受访者信息库

联系性访问的另一个初衷是,对参与研究的受访者的适切性进行评估。适切性的主要标准是,受访者的经历对研究者的研究主题来说是否是非常重要的。例如,想对程序性写作在英语教师写作教学经历中的影响进行研究的博士生,必须在那些程序性写作对其教学起重要作用的英语教师中进行选择。

当访谈者和潜在受访者进行谈话时,他或她可以将那些看来最适合的受访者记录下来,注明他们和研究主题有关的关键性特征。无论是在访谈者邀请受访者参与研究的联系性访问时刻,还是在稍后对他们的回访中,他或她必须对不断扩充的受访者信息库中的受访者特征保持敏感的意识,以确保样本的目的性和价值性(参见本章后面的“筛选受访者”部分)。

一些逻辑性考量因素

安排联系性访问的过程,常常反映出安排和受访者进行实际访谈将会是什么样的。如果这是一个合理的过程,那么另一个则也可能是合理的。如果安排联系性访问是一个让人非常受挫的过程,那么访谈者在建立受访者信息库时就应该充分考虑这方面的情况。

因为访谈需要受访者和访谈者都投入时间和精力,访谈者使整个访谈过程合乎逻辑的每一举措,都是把现有的可用资源集中到访谈本身的步骤。对访谈者来说,为了更便于沟通联系、确认访谈安排、完成访谈后续工作,建立一个受访者信息数据库,是非常重要的。他们可以利用联系性访问的机会,就开始收集相关数据。

运用一种简单的受访者信息表,在整个研究中还是相当有效的。这种信息表通常有两个目的:一是便于访谈者和受访者之间的交流联系;二是记录受访者基本信息,对告知受访者的最后选择和汇报研究后期的数据提供帮助。这种表格至少应当包括,受访者的家庭住址和工作地址、电话号码、电子信箱地址、与他们接触的最佳时间、尽量避免联系他们的时间。从建立访谈关系的初期就开始注意和受访者交流的细节,有助于避免那些有损访谈研究的失误和混乱的安排。

联系性访问,也能用来确定访谈潜在受访者的最佳时间、地点及日期。这些都是至关重要的。访谈地点对受访者来说应当很方便,如果可能的话,他或她要对地点比较熟悉。访谈地点应当是能让受访者感觉到舒服和安全的地方。如自助餐厅或咖啡馆这样的公共场所，看起来很方便，但噪声、缺少隐私感以及受访者变成他人评论对象的可能性等因素，都将影响在这些地方进行访谈的有效性。

如果在联系性访问时可以决定一个人是研究中的合适受访者，那么访谈者就可以当场安排后续访谈的时间和日期。访谈者应尽可能让受访者选择时间，也应当按照与第 2 章中所提及的三轮式访谈结构相一致的模式来安排访谈的时间。正如以前所述，由于每一轮访谈都是建立在前一轮访谈的基础之上的，因而它们的最佳间隔时间应该最长不超过 1 周，最短不少于 1 天。

除考虑时间、日期及访谈地点外，也要考虑安排受访者和访谈者双方的安全性（Smith，1992，p. 103），普遍通行的原则是必须保证公平。受访者会给访谈者提供一些他们所想要的信息。访谈者必须适应受访者对地点、时间及日期的选择，灵活地安排访谈。另一方面，访谈者还受到一些约束。尽管公平使得灵活性变得非常必要，但访谈者也必须学会设计与他们自己满意的最终日程安排相适应的访谈。如果一些受访者或访谈者产生了抱怨，将不会为访谈一直忍耐下去。

在进行了联系性访问后，访谈者应当给那些他们确认选择和没有选中的受访者都写一封反馈信。这封反馈信，或用来感谢那些会见了访谈者的潜在受访者，或用来感谢那些被研究课题选定且同意参与访谈、并已确认访谈安排日程的受访者。

这些详尽细致的后续写信致谢工作，在可能选用此种方式的访谈者看来貌似烦琐。然而，公平性原则需要有这种考虑。另外，这种循序渐进的关注，对访谈者也有较多的实际益处。在访谈研究中，没有比驱车数个小时赶赴访谈约定地点，而受访者并没有按约前来的事情更让人沮丧的了。有时候，这种没有按约前来的情况，也是因为没能很好地联系、沟通的结果。有时候，这种情况也表明受访者对访谈缺少积极性，也许因为他或她觉得付出了很多但只得到很少的回报。在访谈研究中的正式访谈开始之前，就访谈者来看，对接触受访者的方式和联系细节给予更多关注,是与选定受访者、准备正式访谈一样最有价值的投入。

筛选受访者

在联系期间或联系后不久,研究者要完成的关键性任务是,对他或她将要访谈的人员进行筛选。深度访谈研究的目的是认识、理解受访者的个人经历,而不是对他们的经历进行预测或控制(关于现象学研究方法基本特征的评论,见:Van Manen,1990,p. 22)。因为假设不是被测试的,问题不在于研究者能否将访谈研究的结果推广到更多人群中去。恰好相反,研究者的任务是将他或她访谈过的受访者经历做详细且有一定深度的分析,使那些读过这种研究成果材料的人,能够结合那些经历来思考,弄懂那些经历是怎样形成的,深入理解这些经历所反映的问题。由于构成访谈研究基础的基本假设,是不同于那些实验研究的,所以筛选受访者的方式也不相同。

唯一的联系

全美的社区学院教师约有 200 000 人。在我们对社区学院教师工作所进行的研究中(Seidman,1985),我们只访谈了 76 人。我们所面对的问题是,如何选定这 76 人,以便使我们从他们的经历中所获得的看法不会轻易地被视为没有抓住他们的特质或与更大的教师群体不相关。在坎贝尔和斯坦利(Campbell and Stanley, 1963)最近对实验和准实验设计的经典论文中,他们将这种现象称为外部效度的问题。

对这一问题的传统解释方式是,从访谈样本中所获得的看法能否推广到更大的人群中去。一个关键的措施是,在广大人群中选择一个代表性样本。在实验和准实验研究中,产生这个代表的主要方式是对被试进行随机取样。从理论上来说,如果大量的足够多的被试是被随机取样或通过一种分层次的随机整群取样的方式进行选择的,那么最后被试资源库是不可能有异质性的*。

然而,在访谈研究中,是不可能对受访者进行随机取样,或通过一种分层次的随机整群取样的方式进行选择的。随机取样是一个统计学上的概念,它依托于一个数量庞大的被试群体。真正的随机取样,在一个深度访谈研究中是不允许的。而且,访谈受访者必须得到许可才能进行,因此在访谈研究中常常有一个自我选择的因素。自我选择和随机取样是不同的。

深度访谈研究者的工作是要深入到访谈过程中去,代表性和可推广性的表面化考虑将被个体经历的全面释放代替。当这些经历被深入把握后,将会出现两种建立联系的可能性。他们是访谈研究者进行推广性的选择(关于推广性概念的深入讨论,见:Lincoln and Guba,1985)。首先,研究者可以在他或她个人的访谈经历中发现联系。这种个人生活之间存在的联系是各不相同的,但那些被共同的结构性和社会性力量所影响着的人们的经历,能够帮助读者掌握这些经历中隐含的普遍性模式意义。研究者指明这些联系,以引起读者对其进行审视和探索。

其次,通过讲述受访者的个人经历,研究者为读者提供了将读者个人经历与研究中所提供的故事联系起来的可能性。通过建立联系,读者也许不能掌握对研究中的或他们自己的经历进行如何控制或预言,但他们将能更好地理解其复杂性。他们将能更好地认识个人生活与结构性、社会性力量相互作用的复杂方式,并且在面对这些复杂情形时更加谦虚和具有理解力。

目的性抽样

如果随机选择不是一种好的选择的话,那么怎样以最佳方式选择能帮助他人发挥联系能力的受访者呢?最常见的可接受答案是,有针对地进行目的性抽样。巴顿(Patton,1989)的关于目的性抽样技术的讨论,是很富有见地的。他提出了几种方

* 译者注:意味着抓住了被试的特质或与更大的同类群体相关。

式,包括"典型案例(typical case)"、"极端或异常案例(extreme or deviant case)"、"关键案例(critical case)"、"敏感案例(sensitive case)"、"方便"抽样(Convenice Sampling)和"最大变异性"抽样(maximum variation sampling)(pp. 100-107)。

最大变异性抽样,涉及地点和人群两方面(Tagg,1985)。样本所要选择的人群和地点的范围,对更多的人群来讲是平等的。这种抽样技术,能为研究成果的阅读者提供将他们与所读内容联系起来的更大的可能性。在我的个人经验中,最大变异性抽样为访谈研究选择受访者,提供了最有效的基本策略。

例如,如果考虑到这样一个研究,即访谈者希望探求马萨诸赛州市区的地方性学校教师工会中少数族裔教师的经历。运用最大变异性抽样方式,研究者可以通过分析潜在人群,来估算最大范围的包括人口数在内的人群和地点的情况。

首先,她必须要界定"市区"这一词汇所指的含义。然后,她也必须确定和她界定相一致的马萨诸赛州内学校体系的范围。在这些体系内,她还必须决定她是对所有少数族裔教师的经历感兴趣,还是对 K-12* 教育体系抑或一些特定年级层次中的少数族裔教师的经历感兴趣。

在马萨诸赛州内,地方性教师工会通常不是附属于国家教育联盟,就是附属于全美教师联合会。她必须决定,是否有兴趣研究来自这两个或其中之一的联盟中少数族裔教师的经历。

考虑到这些地点的范围之后,她必须分别考虑这些少数族裔教师和所属地方性教师工会的人群范围。她必须确定少数族裔教师的男性和女性人数,所代表的种族群体的人数范围,他们所教授的课程的范围,讲授的水平以及在代表这一群体的教师的年龄和经验。

以上特征是有可列举性的,但并不能穷尽研究者力求探明、理解其经历的人群中所存在的可能性变化范围。如果这类

---

* 译者注:K-12,是指美国从幼儿园至十二年级的教育体系。

范围变得不可操作时，那么研究者可能会调整、压缩其研究范围，例如研究很多地方性教师工会中一个少数族裔教师的经历，抑或一至两个地方性教师工会中的所有少数族裔教师的经历。这个目标，仍通过在有限研究范围内对地点和人群进行最大变异性抽样来达成。

除了选择那些能够反映研究范围中更大多数人群情况的受访者之外，另一个有效方法是选择那些不在该范围之内但可能被认为是相反个案的受访者（Lincoln and Guba，1985；Locke，Silverman and Spirduso，2004，pp. 222-223；Weiss，1994，pp. 29-32）。在前述研究中讨论了少数族裔教师成为地方性教师工会成员的情形后，了解一些属于地方性教师工会成员但并非少数族裔教师的情况，也是非常有益的。如果研究者通过访谈发现非少数族裔教师和少数族裔教师有相同的经历，那么研究者将会认识到一些问题并不是种族或少数-多数族裔身份而带来的问题。

另一个例子，斯凯茨卡摩尔（Schatzkamer，1986）对研究老年妇女回到社区学院学习的经历，很感兴趣。她决定也访谈一些重返社区学院老年男性的情况，来看看他们的经历和她所抽样访谈的妇女的经历之间的联系。选择那些在研究主题范围之外的受访者进行访谈，对访谈者避免从自己研究中草率得出结论来说，是一种行之有效的方式。

筛选过程中必须避开的陷阱

访谈新手可能会亲自做很多努力，让那些不愿参加的潜在受访者参与到研究中来。但是，亲自去说服那些不愿意参加的人员参加访谈，与他或她不参加相比是没有多大好处的。当一开始就表现出不情愿时，可能在访谈者尽力做了大量说服工作后受访者参与了访谈，但访谈者会发现随后的访谈将是程序对抗、抵触的过程。访谈者必须在平和地接受潜在受访者不感兴趣的快速表态，与千方百计地说服不愿参与的受访者来真正参加访谈之间,寻找一种平衡。

另一个陷阱是,非常渴望参与访谈的潜在受访者。在联系性访问期间,访谈者应确定受访者是否别有企图。在我和萨利文对一个社区学院进行联系性访问的过程中,我们得知该学院刚刚解聘了他们的院长。这个学院已经分成了两派:反对院长的一派和拥护院长的一派。我们接触的一些教师不愿意参与访谈,而另一些教师则非常希望能参与访谈。我们的研究目的是了解社区学院教师的工作。尽管毫无疑问的是,学术政治也属该研究的一部分,然而在这个特殊的个案中,学校的派系政治危及到我们对受访者进行的访谈研究,它使得访谈参与者更像是信息发布者(Dean and Whyte,1958;Lincoln and Guba,1985;Richardson et al.,1965)。

在一次联系性访问中,有人告诉我们必须访谈一位他的得过奖而且很愿意倾诉的健谈型同事。我们本能地躲避了这类“明星”。深度访谈的方法,是以一种特定的方式诱导每个人讲出自己的故事,而这种诱导方式便是不管一个人多么不受欢迎但都对其表示出兴趣。

多少受访者才是足够的

访谈新手常常会问,他们在研究中应该有多少名受访者。一些研究者认为,在一个新的研究设计中,这项研究需要的受访者数量不应当预先确定。通过前期访谈,当所研究问题的新领域凸现时,新的受访者是可以加进来的(Lincoln and Guba,1985;Rubin and Rubin,1995)。另有一些研究者主张,以“滚雪球”的方式来选择受访者,在这种方式中由一个受访者引出另一个受访者(Bertaux,1981)。然而,即使研究者运用获得最大变异性样本的目标性抽样法,进而通过滚雪球的方式添加他们的受访者,他们必须知道什么时候他们已经访谈了足够的受访者。

是否有足够的受访者,有两个判断标准。第一个标准是充分性。是否有充分的能反映受访者所在地点和人群范围情况的访谈量,以使样本以外的其他人员也有可能和受访者经历建立联系的机会?在我们社区学院研究中,我们必须获得足够的受访者,来既反映职业技术教育方面教师的经历,又反映人文教育方面教师的情况;男性教师、女性教师及少数族裔教师的情况;不同年龄段和领域的教师的经历。我们也考虑拥有高学历和不具有高学历的教师的不同情况。另外,我们不愿意访谈只是属于某个特殊领域的人员。

另一个标准是信息饱和性。很多著者(Dauglas,976;Glaser and Strauss,1967;Lincoln and Guba,1985;Rubin and Rubin,1995;Weiss,1994)提到了研究中的一个关键点,即访谈者听到了相同的重复信息。他或她不能再获得新的信息。道格拉斯更是勇于尝试,努力在访谈研究开始阶段就对信息进行评估。他认为如果要对受访者确定数量的话,他将选择 25 位受访者。

我不愿意限定这样一个数目。“足够的数量”是不同访谈过程交互反映的结果,且对每项研究和每个研究者来说都各不相同。充分性和饱和性的标准是有用的,但是时间的实际紧迫性、资金及其他资源也都对受访者数量起着一定的作用,特别在博士论文研究中尤为如此。另外,如果我在受访者数量上犯错的话,我愿意宁滥勿缺。我注意到,很多研究生努力地去弄懂一些资料,但因为这些资料没有访谈足够的受访者而颇为单薄。访谈较少的受访者也许会在早期研究阶段节省一点时间,但在处理、分析及解释访谈资料时,常会感受到问题的复杂性和令人沮丧。

深度的现象学式访谈方法,适用于那些承受相似的结构性和社会性条件,同时这些条件对相关同类人员产生巨大影响的受访者群体。研究者要提前估算他们将要访谈的受访者样本所涉的地点和人群范围,且提前设定一个访谈研究的受访者数量目标。而且,到某一时刻,访谈者会发现他或她确实得不到决定性的新东西了,访谈过程本身也正变得费力且不愉快时,那便是可以说“足够”的时候了。

第5章 研究伦理审查委员会和知情同意书

近来,许多指向学术研究参与者的安全的伦理问题的关注,来自于20世纪以来欧洲和美国在以人类为对象的研究中的侵害。"二战"期间,纳粹在集中营里对俘虏进行药物试验,是臭名昭著的对人类基本人权的侵犯。"二战"以后,对参与人体实验的医生们所进行的审判,促成了《纽伦堡法典》的制定。1946年,被联合国所采用的《纽伦堡法典》,确立了在人类研究中基本的、根本性的伦理原则。在这样的研究中,所有的参与者都必须是自愿的(Annas,1992;Reynolds,1979)(通过在网上输入它的名字就可以轻松地查到《纽伦堡法典》)。促成《纽伦堡法典》产生的那些对集中营医生进行审判的记录,同样可以在网上查到,输入"纽伦堡医生审判(Nuremberg Doctors' Trials)"即可查询。也可参见:Mitscherlich & Mielke,1949)。

对人类基本人权的侵犯,同样也发生在美国的一些研究中。这些研究中,最臭名昭著的便是图斯克基梅毒实验(Tuskegee Sgphilis Experiment),开始于1930年,前后持续了40年。这个实验的研究者为了能不间断地跟踪研究梅毒的效果,没有对该研究中贫穷的非裔美国人使用抗生素,而此后这些抗生素被证明是有效的(Heller,1972)。

贝尔蒙报告

面对不仅在美国国外而且在国内的研究中无视人类自身安全的这一事实,美国各级政府部门分别在 20 世纪 50 年代、20 世纪 60 年代及 20 世纪 70 年代期间,出台了关于人体对象保护的联邦指导规则(见:Anderson,1996;Applebanm,Lidz, & Meisel,1987;Faden & Beauchamp,1986)。在与联邦政府对研究中以人类为对象所实行的保护的一致努力中,国会在 1974 年成立了生物医学及行为研究中的人体对象保护的国家委员会。

经过 4 年深思熟虑的准备,国会通过了更具有影响力的《贝尔蒙报告:保护研究中人体对象的伦理原理和指导方针》(生物医学及行为研究中的人体对象保护的国家委员会,1979 年)。贝尔蒙报告,明确说明了这个国家委员会成员所需考虑与人有关的研究中关键性伦理问题。它确立了在与人类相关研究中必须遵守的三条基本伦理准则:

1. 尊重个人。尊重个人自主权和个人的需要,保护那些参与者的自主权不被削弱。
2. 善行。遵循希波克拉底的格言,不会有任何伤害,当考虑有关人体的研究时候,必尽量增加可能的好处,减少潜在的害处。
3. 公正。研究必须考虑对参与者的平等选择,并且必须保证对所有参与者都公平。一旦出现积极的效益,必须由研究的所有参与者来共享,这和图斯克基梅毒研究是有天壤之别的。

贝尔蒙报告是很容易通过网络搜寻其名称得到的。该报告简短、清晰,而且因为它提出了联邦法律在这一领域中的基本原则,值得一读。

地方性研究伦理审查委员会的建立

根据贝尔蒙报告所提供的指导,联邦政府开启了将各种机构颁行的规定协调为所谓通用规则的进程,目前这些通用规则被很多联邦机构所执行。通用规则是指,美国联邦法规的第45条第46项人体保护部分中的规定(Protection of Human Subjects,2001)。这些规定经常以45CFR46的形式在印刷物中出现。有关这些规定的详细历史,请参阅安德森的著述(Anderson,1996)。

在制定45CFR46的过程中,政府作出了一项关键性决议,将研究中的人体保护过程分权化。这类规则要求学院、大学、医院、研究机构及其他进行人体研究和获得政府资助的组织机构,建立地方性研究伦理审查委员会。地方性研究伦理审查委员会(IRBS)的功能是,确保在研究机构资助下进行的研究是遵循人权和安全要求,符合伦理规范的。在学院和大学里,这类规则要求当地的研究伦理审查委员会对所有与人有关的研究进行审查和授予许可权,除非经过初始审查后由研究伦理审查委员会宣布的研究是可以被免除的。这类规则还规定,某些类型的研究可以合规地被“加快”审查,即通过一种可替代的过程接受审查,而不是完全通过研究伦理审查委员会来进行审查。

研究伦理审查委员会成员资格和审查过程

研究伦理审查委员会要求,访谈研究者在开始他们的项目之前提交研究计划书、接受审查。在博士生一类的案例中,研究伦理审查委员会的审查,是独立于博士生指导委员会对学位论文计划书许可之外的一个附加程序。要想在审查过程中获得自信心和主动感的一个方法是,阅读45CFR46中关于“人体保护”(Protection of Human Subjects,2001)部分的内容。尽管初读法规性语言会颇为艰难,但学习它,有助于研究新手克服由法规所带来的恐惧感。我个人的经验是,与其把一次研究伦理审查委员会的审查当成一个阻碍,不如把整个审查工作做好,这几乎能使研究者对自己所提出研究中所包含的重要伦理问题的认识达到一定的高度。

在大学中,研究伦理审查委员会是由对该项研究有造诣的教师等组成,其中至少有一名来自于大学之外的代表和管理人员(Protection of Human Subjects,2001,46.107)。每个地方性研究伦理审查委员会都有它们自己的申请表,但基本上所有的研究伦理审查委员会均要求研究者对这些内容进行简要陈述,即研究目的,研究参与者的特征,研究方法,研究者的研究资格,研究中所涉及的风险和利益,以及研究者将如何从他们潜在的参与者那里获得知情同意许可。

其他国家都针对涉及人体参与的研究项目,规定了相似的审查程序。人体研究保护办公室(OHRP)已经编发了《人体研究保护国际汇编》。这部汇编列示了相关法律、法规及 50 多个国家的指导性规则,这 50 多个国家中有卫生和人类服务署提供资助或支持、并正在进行的研究项目。这部汇编中提供了与每个国家的主要组织和相关法规的网页的直接链接,任何时候都可以登陆。在 OHRP 网站上可以进入这部汇编,网址是:http:\\www.hhs.gov\ohrp\international\index.html#Natlpol(OHRP 电子地址,2005 年 7 月 20 日)。如果你的研究是在美国启动的,但要去海外进行研究,你必须完成当地的研究伦理审查委员会的审查程序和你接收国家的正式审查程序。同样重要的是,在一些设有或没有正式审查程序的国家,研究者必须对哪些涉及了当地文化传统中的伦理问题保持敏锐的意识。

2000~2001 年,在美国著名医院的医学研究中死亡的两个参与者,引起了全国性的关注。调查表明,参与者没有被告知参与研究所面临风险的完全信息(Kolata,2001;Stolkerg,2000)。结果,联邦政府加大了强化研究伦理审查委员会工作的力度。在此项目之前,博士生候选人被要求接受当地研究伦理审查委员会的审查。如果他们打算去海外进行研究,必须提前与接收国家联系,问明相应的研究审查程序。他们也可以阅读哈贝尔(Hubbell,2003)写的一篇关于在国外访谈中可能遇到的复杂情形的说明。

知情同意书

尽管地方性研究伦理审查委员会要求研究者提交审查的材料会有所不同,但知情同意书的问题几乎都是至关重要的(Ritchie,2003,p. 217)。访谈新手往往对知情同意持存疑姿态。他们对自己的善意毫不怀疑,并担忧正式的知情同意过程与他们同受访者建立的关系不完全适应。这可能导致一些访谈新手从不考虑或低估他们的研究实际上会带来的风险(Smith,1992,p. 102)。

深度访谈没有像生物医学研究中给生命带来死亡的危险,但这并不代表没有风险。在本书所记述的访谈模式中,在访谈者询问受访者以重建他们的生活历史、在特定探询领域中提供他们的经历细节并反思这些经历的意义时,双方将会会面三次。在进行这一系列访谈的过程中,访谈者和受访者之间将能形成亲密的关系。这种亲密关系,可以促使受访者在访谈过程中分享他们生活中产生的某些不满或一定程度上的情感困扰。当研究者写报告时,如果他们误用了他们的受访者的话,研究者将会使他们的受访者很尴尬甚至名声败坏。受访者有权对访谈过程中的弱点进行保护,有权表明研究者在哪种程度上分享访谈成果(Kelman,1977)。知情同意是受访者在同意接受访谈时,减小他们面临风险的第一步。

正如《纽伦堡法典》所表述的一样,人体研究的根本性的伦理原则是,受访者自由、自愿地参加研究。为了达到真正意义上的自愿同意,潜在受访者必须对该研究有足够的认识,以便能以一种有意义的方式衡量他们是否想要参加。符合这一标准,便是知情同意书最基本的逻辑。

知情同意的联邦指导方针（Protection of Human Subjects，46.116～117），最初主要是被设计用于与生物医学研究的风险和利益相关的研究。因此，指导方针适宜于约束人体实验研究。然而，当将其运用于质性研究时，也取得了适应性效果（关于联邦指导方针于质性研究匹配的深刻论述，见：Cassell，1978）。在下面的讨论中，我将述及知情同意的要求，这些要求适用于深度访谈研究。

知情同意书的八个主要部分

适用于深度访谈的知情同意书，应当包括八个主要部分的内容：

1. 受访者邀请函包括什么内容、什么结果、怎么做、多长时间、为谁做？知情同意书第一部分应当简要说明潜在受访者被邀请来参加的访谈研究。这种介绍将后附一个简短说明，包括研究目的、怎样进行、需要多长时间以及这项研究是否有资助者。
2. 风险。第二部分应当列举受访者因参与访谈而可能遇到的损伤和不适性等潜在危险。
3. 权利。第三部分应当列示受访者的权利。这些权利用来减弱损伤和不适性危险，且明确表述该研究中的受访者是自愿的，如果受访者拒绝参与也不会受到惩罚。
4. 可能的利益。知情同意书的第四部分应适当列明通常情况下该研究的可能性收益，以及对受访者的特殊收益。
5. 记录的保密性。第五部分应当列明访谈者对受访者身份保密的可信性程序，以及这种保密性的限定程度。
6. 发布。第六部分应当列明研究者打算如何发布该研究的结果，并对受访者陈述中话语的运用范围进行明确说明,如在论文、著作、文章或一次演讲中使用。

7. 未成年人的特定约束条件。在第七部分中,研究者应当对18周岁以下的未成年人做特殊规定的说明,必须经父母或监护人对未成年人参与研究的许可。
8. 联系信息及该知情同意书副本。如果受访者对他们在研究课题中的权利及其他方面有疑问的话,最后一部分说明如何联系研究者和当地的研究伦理审查委员会的方式。另外,研究者必须确保他们将知情同意书撰写成潜在受访者能够完全理解的文本。

我拒绝对一个知情同意书样本进行复制的诱惑和企图。因为地方性研究伦理审查委员会在联邦指导方针下有相当广泛的自主权,他们将会制定自己的研究者所需遵循的模板。另外,我认为,复制知情同意书只会使研究者陷入麻烦。我主张,博士生和其他研究者必须掌握知情同意书每一部分之间的逻辑。这样,他们就能依据对每一部分的目的、研究课题的特点以及研究伦理审查委员会的预期的理解,设计一份书面的知情同意书。在我的经验中,这样做会促使研究者更好地内化自己研究中所涉及的伦理问题,促使他们改进开展研究的进程。下面,我将把知情同意书八个部分运用到深度访谈研究中时,对每个部分所涉及的深层次问题进行讨论。

做什么、多久、怎么做、什么结果、为谁做

做什么、多久、怎么做?

在第一部分中,研究者必须用通俗语言简要陈述他们要求受访者所做的事情。对一个深度访谈研究课题而言,研究者应当阐明他们正在邀请潜在受访者参加一致同意的主题的访谈研究,访谈过程包括三轮独立的访谈:首先是他们的生活史,其

次是他们在所研究领域内的人生经历细节，最后是这些经历对他们的意义。每轮访谈将会持续 90 分钟，每轮访谈间隔时间跨度通常为 1 周或 2 周。而且，研究者必须告知受访者，他们的访谈将要录音（见下面第 5 部分）。

什么结果？

在这一部分中，研究者简要解释自己研究的认知性目的和工具性目的。首先，研究者要说明自己为什么研究这一特定主题的原因。其次，如果研究者是博士生，他们应当表明他们打算用这项研究来写成自己的学位论文的意图。

为谁做？

受访者应当知道访谈者的全部身份信息。例如，如果一个访谈者既是他所访谈的学区的工作人员又是一所大学的博士生，这种双重身份都应当说明。

受访者应被明确地告知该研究在出版之前，他们被记录的讲述将被谁所享有。例如，学校中的学生被访谈，教师或校长会被允许看这些录音转换稿吗？博士生指导委员会主席会得到这些录音带吗？

最后，如果该研究是受某种方式赞助的，这种赞助关系也应当清楚地告知受访者。例如，一所学校可能是该研究的赞助者，或一个捐助机构会资助该研究。如果是这样的话，访谈者有责任告知受访者这种赞助关系的性质。

风险、不适及损伤

这一部分应当告知潜在受访者,他们参与这项研究将要承担的风险。至少会有两种类型的风险:访谈过程中的风险和访谈后的风险(关于这类风险的精彩讨论,见:Corbin & Movse,2003)。正如前述部分所指出的一样,深度访谈的过程可能会造成致使受访者感到不适的情况,这取决于研究主题蕴含的敏感性。研究者应当说明访谈过程中有时将会感到不适,也应说明研究者将会努力使这种不适降到最小。

而且,当研究者将受访者讲述的内容广泛地运用到研究报告中时,参与访谈的受访者有可能具有可辨认性。如果受访者的身份已被辨认,他们会认为自己的生活隐私将会暴露在公众之下,这将会使得受访者非常尴尬。他们会认为,研究者在分享他们的私人或完全个人的生活中已经伤害了自己的尊严(Kelman,1977)。

口述历史协会就为我所提请研究者注意的进行口述史访谈制定了原则、标准和指导方针(The Oral History Association,2004,1992。)。第7条原则指出,“访谈者应当警惕、防范对受访者的可能性利用”。研究者必须考虑所能采取的措施,以降低受访者被过度利用或易受损伤的风险。

受访者的权利

在降低受访者风险方面,研究者所能采取的一个重要预防措施是,确认受访者参与研究所拥有的权利。知情同意书的这一部分,用来告知受访者所拥有的权利,并表明研究者所承诺遵守的义务。这些权利包括以下内容,但不限于此。

自愿参加

参加研究须是完全自愿的。因此,潜在受访者最基本的权利是不参加权。如果一位受访者选择不参加研究的话,不能因为这种选择而歧视这位受访者。例如,如果研究者在教室里进行访谈,学生(及其家长)有权说他们不参加。这种不参加的权利,丝毫不能影响学生在班级中的进步和成绩。如果他们选择参加,这必须是在完全告知他们这项研究有关情况的基础上所做的决定。

退出的权利

访谈研究的受访者有在任何时候退出研究的权利。三轮 90 分钟的访谈,是在访谈者和受访者之间所建立起的一种平等关系基础上的设计,并促成二者之间达成一种理性层面的信任。访谈过程可能会使受访者泄漏一些信息,他或她后来会后悔在讲述中共享了这些信息(Kirsch,1999)。受访者可能对这个访谈过程渐渐感到不舒服,想退出访谈。研究者必须清楚,受访者在访谈期间的任何时候都有退出的权利,即使在访谈结束后、访谈资料发布前的一段时间内依然有权利退出研究。

审核及撤回访谈材料的权利

在开始不久就退出访谈的受访者,也有从访谈者手里撤回访谈材料的权利。为了充分行使这项权利,受访者必须拥有在访谈材料发布前而对其进行审核的权利。

受访者对访谈材料拥有什么样的审核权,以及同意访谈者以什么样的方式对其研究中的访谈材料进行利用,这是很难定义的。如果受访者提出要求的话,访谈者必须将录音带和文字记录给他们。访谈者和受访者可以对个别受访者访谈材料的工作方式进行共享。在撰写研究报告时,也可以对如何分析、解释特殊资料的方式进行共享。最后,访谈者应在出版前提供分享整个报告的机会,或涉及某个受访者时,提供分享最终报告相应部分内容的机会。

一些质性研究者认为,这一步对研究的可信度来说是至为重要的(Licoln and Guba,1985)。在我所做的访谈工作中,我常常依据访谈转录稿,以受访者的语言写成拓展性的访谈内容概要。当我做完这件事后,我联系受访者,在发布前将这个概要提供给他或她分享。如果受访者看完概要后要求对访谈材料进行审核时,我便会将材料送给他。我会告知受访者,我想知道对全部访谈来说,是否包含了不准确或不公平的内容。我也想知道,这个概要中是否含有让受访者感到不舒服的内容。

尽管这一阶段,我没有散布任何受访者会告诉我那些使其感觉受损的材料,也没有对任何人进行材料转录方面的自发性责难。在我们所做的社区学院研究中,有一个受访者要求将我给他写成的概要的一部分删除。在访谈过程中,他谈到他对自己所在工作的社区学院没有自豪感。我同意将他所指出的这部分删除,因为他觉得如果自己被辨认出来的话,他所指的内容可能会使他被动、受到损害。但最后在该研究的解释部分中,没有涉及任何一位单个的受访者,我脑海中保持了那位受访者所告诉我的话,讨论了社区学院教师在他们工作中的感受问题。

在某种程度上,访谈者必须对他或她所撰写的内容承担责任。在上述例子中,我在承担责任上感觉有些折中,因为受访者要求,我删掉了分析中已经转录的重要信息。另一方面,我有责任必须维护受访者的尊严,并使他们在作为研究的参与者的情况下不受到伤害。在访谈研究的其他很多方面,研究者必须权衡各种冲突性主张。访谈者必须愿意承担访谈材料的所有权,并对结果负责。我认为,即使受访者对研究者如何履行责任很感兴趣,研究者也不能将责任的担子转嫁到受访者身上。

无论研究者决定对受访者审核访谈材料的权利如何对待,最重要的是要明确这种审核权利。正如第 6 章讨论的一样,在解决回报问题时,这是相当重要的。受访者与访谈者之间的争议，更多地是由对他们的工作关系框架不清楚造成的，而不是因某个具体的问题造成的（关于这一领域中混淆的后果和清晰的需要的有趣讨论，见：Lightfoot，1983）。

隐私权

受访者拥有隐私权，以及要求对其身份保密而不被泄漏的权利。深度访谈中的规范性假定是，受访者身份具有不可辨认性。在访谈者启动他们的研究之时，这种假定便是应有之义。例如，通常在他们的研究计划书的公开文本中，他们应避免列示访谈地点或受访者名称，因为在研究完成后，这样做会很容易被追踪。

利用访谈材料的研究者，可能无法绝对地保证对受访者身份的保密。访谈研究的核心是，受访者在自己的生活背景下的个人经历。由于受访者的相当一部分的个人经历内容会在研究报告中被分享，因此，认识这位受访者的读者，可能会认出他或她。

然而，访谈者能通过采取一定的措施，来对受访者的身份进行保密，也可以在书面的知情同意书中向受访者说明将会做那些事情。例如，首先，受访者有权知道谁将抄写录音资料。如果不是访谈者本人，访谈者应当列出将采取什么样的措施，来保证抄写者不误用受访者的有关信息。其次，受访者应被保证转录稿中只包含其名字的英文缩写，因此，即使随意的读者或多或少地看到转录稿，也没有确切的名字出现在其中。再次，研究者应当保证在最终的研究报告中采用匿名方式。第四，在一些研究中，研究者应当积极地选用那些隐瞒受访者身份的手段。

《女同性恋型体育教师的境遇现实：生活在两个世界》的作者伍兹（Woods，1990），在她的研究中很关心如果她的受访者身份被认出来的话，她们将会很被动、受损。在她的书面知情同意书中的一个部分，她作了以下说明，并列示了她将采取保护隐私但不能确保受访者匿名的措施：

在这类性质的研究中,对受访者进行匿名处理,是一种优先选择。尽管不能完全确保匿名,但在研究过程的每个阶段将采取以下保证匿名的措施:

A. 通过两种方式接近可获得的受访者:①亲自联系;②通过那些正被访谈的受访者进行联系。对潜在受访者的最初联系,都是由我的老师建议访谈的人或受访者完成的。如果她已经同意有可能参与访谈主题的讨论,我将和潜在受访者直接联系。

B. 所有的访谈都是在受访者指定的安全地点进行。

C. 研究者将不会访谈受聘于一个区域另一个教师。

D. 除了学位论文指导委员会主席,我不会与论文指导委员会成员讨论任何一个人的姓名、教学地点及其他可辨认的受访者特征的信息。

E. 访谈的转录工作将由两个人完成:①我自己,和②有信誉且做事谨慎的人。如果是他人而不是我自己转录访谈录音,我将把有关材料交给他们转录前,删掉访谈录音中的所有名字及可辨认身份的其他特征信息。

F. 如前所述,在转录文稿中将会用匿名代替所有受访者的姓名、学校、学区、城市、城镇和所在县域的信息。在出版物和公开陈述的每一步中,将采取适当的措施来隐去受访者的身份及教学地点信息。

G. 转录文稿将由研究者直接拥有、保存。所有的录音资料和知情同意书将被存放于安全的储存柜中。录音带将会按照论文的许可规则被销毁,或根据你的要求归还于你。

伍兹认为,她的受访者参加这一访谈,会承受一些风险。为了保护她们并创造使她们感到能安全地谈话的场所,她设计了许多更有效、更实际的能降低危险的策略。尽管我担心她销毁访谈录音带的承诺,但她对那些没有完全确保匿名的受访者所采取的保护身份隐私的考虑,以及对潜在受访者的明确说明,对我来说是一个直率、公正的范例。最近,《纽约时报》报道,东德克萨斯镇学校董事会解雇了他们获得冠军的高中女子篮球队的教练,声称由于她是一个女同性恋者而做出了这样的处理。这种偶然的小插曲表明,细心的伍兹在 20 世纪 90 年代对其受访者进行身份保护的做法,仍是需要保证的。

正如伍兹所指出的一样,如果受访者身份被辨认的可能性较高,那么最好隐藏受访者的个人身份信息。这种做法比将受访者进行匿名处理更为积极有效,且这种方式也会涉及改变受访者居住位置及所讨论的活动的具体性质。例如,在《教师的话语》(Seidman,1985)中,我调整了一个受访者谈话中所指目标的地点。判断研究者进行这种调整恰当性的指南是,受访者被辨认的可能性是否很高,受访者被辨认后是否会被动、受损,以及这种隐瞒方式是否有效且对数据信息没有破坏性。

知情同意书假定但并不要求受访者不可辨认(Reynolds,1979)。知情同意书所要求的是,受访者在访谈开始前就被告知将在何种情况下、采取什么样的措施来保护他们的身份。米什勒(Mishler,1986)认为,匿名并不会自动地成为一件好事,应当给予受访者一种他们是否希望自己姓名被使用的选择。我的经历让自己也认为,应当在访谈者采取一定的保护受访者匿名措施的前提下,来进行访谈。这样,在访谈完成后,受访者将处于一个做出是否希望隐藏自己身份判断的有利位置。

可能的收益

知情同意书的这一部分,将概括说明可能被视为期望的合理的研究结果,对受访者及其他人有哪些潜在的收益。研究者应当设定一种合理、适当的有关收益的陈述,不致引起不当的期待,且又不是自我中心主义,还需研究者综合判断深度访谈情景中经常出现的风险情况。一般地,承诺得少比多好。一些金钱方面的收益,包含在访谈材料的所有权和发布部分(第 6

部分)。

如果访谈进行得顺利,聆听这一研究的过程就对受访者来说是有益的。但是这类收益,由受访者在访谈结束时的总结中产生,比研究者在访谈开始阶段就提出更为适当。

其他人的收益比受访者的收益则更为真实,但同样是无形的。作为研究者,我们希望能更好地理解自己调研的主题,并能分享这种理解,以对这一领域、其他受影响的人们做出贡献。有人不希望高估这种情况。最好的方式是,研究者能够适当说明他们希望在自己的研究中得到什么,以及获得的东西对这一领域有什么效用(L. Hick,个人交流,2005 年 4 月 15 日)。

记录的保密性

我常看到的一些书面知情同意书草稿中,研究者承诺他们将对所获得的材料保密。对材料保密,意味着除研究者之外不能让任何他人看到。这种承诺,与深度访谈研究的目的和方法是不一致的。大多数进行访谈的人都这么做了,因为他们想让受访者的个人经历对他人也变得可以获取。他们想将自己从受访者那里搜集的材料与更多的读者分享,而不是对其保密。当研究者和研究伦理调查委员会在访谈研究中使用“保密”这个词汇时,他们应当指在记录、磁带、文字转录稿及其他可能辨认出参与研究的受访者的材料中,对所使用受访者身份的私密性进行保护。

和第三部分所指“权利”的表述一样,研究者必须在整个研究过程的开始阶段,就采取措施对受访者身份进行保密,这样一来,在书桌上恰巧看过该文字转录稿的随意性读者,也不能辨认出受访者。类似联系信息单、知情同意书、录音带等原始记录,必须存放在安全地点,以防受访者的姓名等信息被偶然泄漏。

秘密性限制:传唤与法定性报案人的要求

然而,关于记录保密性的两个主要的申请条件必须说明。首先,研究信息并不具有特权,因此服从于法院的传票传唤(Nepelski & Lerman,1971;O' Neil,1996;Reynolds,1979)。研究者的文字转录稿或录音带被传唤,将把研究者置于他们对受访者承担的伦理责任的冲突之中,这些伦理责任在美国人类学协会的专业责任准则的第一部分中被列出:

> 在研究中,人类学者最大的责任是对他们所研究的对象负责。当出现利益冲突时,这些研究对象个体必须优先考虑。人类学者必须在他们的能力、权限范围内采取所有措施来保护研究对象的人身的、社会的及心理上的权益,并且来尊重研究对象的尊严和隐私。

当我们进行社区学院教师研究时,我们访谈了很多学生来考察他们的经历与教师告诉我们的内容之间的联系(Schatzkamer,1986)。在其中的一次访谈中,一个学生表示他偶尔在校园内售卖毒品。于是,我们面临进退两难的尴尬境地。尽管这不可能发生,这一特殊的个体也许会被拘留,我们的访谈材料可能会被传唤并用于惩处这名学生。尽管我们不能纵容他在校园内出售大麻,但除了我们的访谈外,我们不能通过其他方式获知这一情况。如果那些访谈后来会影响到他被损伤,那么我们认为出于研究伦理原因而不能继续访谈他。正如他的观点一样有趣的是,我们决定最好的选择是终结对他的访谈,并将录音带销毁。这不是一个完全令人舒服的决定。但在必须作出这一决定的时刻,我们可以设想另一种局面,即当我们的保密承诺没有实现、保护受访者权益的道德责任没能履行的情况(关于这类问题的精彩讨论,见:Yow,1994,pp. 93-95)。

如果在访谈过程中访谈者听到虐待或忽视儿童的信息,秘密性的第二个限制条件就会被援引。大约在美国的 18 个州内,包括研究者在内的任何人都被看成是虐待儿童的法定报案人,且被要求将该类案例报告到适当的当局者那里(2005)。与之相应的是,如果研究者的询问主题和少年儿童相关,他们应当在其知情同意书中表明他们有报告虐待儿童案件的义务。2005 年《美国人道情况说明书》报道,关于虐待儿童报案的州法律,是变化的且经常修改的。他们主张,与此相关的任何人应向当地儿童保护机构咨询相关的州法律规定。其他类型的虐待儿童情况,同样必须服从于法定报案规定。对成年人的虐待,在很多州内也被要求报告。在新罕布什尔州内,除虐待儿童的情况外,一个访谈者如果得知了虐待无行为能力的成年人、侮辱学生及由犯罪行为造成损害的事实,他必须将此信息进行报告。研究者根据自己的研究主题及课题研究所在州的特殊规定,必须向受访者提醒秘密性的限制方面以及这些风险可能给受访者带来的潜在后果方面的情况。

结果发布

研究材料的共有权

瓦莱里·莱雷·约(Yow,1994)在访谈的伦理和法律问题方面,有一个很精彩的论述,特别是申请知情同意书过程的讨论。她所采取的立场(至少一部分以哈士奇的观点为基础,1982)是从 1976 年著作权法确立这一时刻起,研究者要关闭录音机,磁带属受访者和研究者共同所有。共有权意味着,研究者必须确保就如他们打算使用访谈资料一样,确切发布这些资料时对受访者是安全的。研究者可以拟定一个单列的发布表,也可以通过签署知情同意书将此包含在知情同意书相应部分中,其中写明受访者许可研究者通过哪些方式使用他们的话语。

访谈资料的广泛使用

研究者计划中必须向受访者明确说明的另一个方面是,研究者可能将在多大范围上使用访谈所获材料。在第 8 章中,我讨论了材料处理及资料发布的方式。在这里我只想说明,这类访谈的目的是,尽可能多地运用受访者的原话来解释他们在访谈中所重构的经历。

在深度访谈报告中,研究者常常使用访谈转录稿的长篇节选,然而许多受访者认为访谈中所涉内容只有一些少量的话语会被利用。为了让受访者给出“知情”同意的答复,访谈者必须明确告知受访者在最后的研究报告中,打算在多大范围上使用受访者原话式的表述。

访谈材料的可能性用途

我建议博士生,在知情同意书中概述他们对收集到的信息的各种使用方向时,要在最大可能范围内“撒网”。第一个直觉是,许多学生对他们论文的使用意图限定了范围。这意味着,如果他们后来想从自己论文中选出一些内容发表或在会议上陈述自己的研究时,他们就有责任回头去找受访者,以获得对在原知情同意书中没有列出的材料使用方式的附加许可。尽管当研究者刚开始做自己的研究时,基于自己的访谈写出这样的文章或做这样的陈述,看起来似乎是可望而不可即的,但对研究者来说,让他们的潜在受访者在知情同意书中知晓这种可能性,不失为很好的建议。

回　报

无论受访者是否希望因他们参与访谈而获得回报,回报都是知情同意书中必须明确提及的一个主要问题。这种回报的范围,包括从每次访谈的报酬到基于访谈进行商业出版的承诺,受访者有权获得相应部分的版税。确定一个公平的分配给受访者的版税比例,是很困难的,除非在成为畅销书这样的情况外,版税可能是很小的一部分。如果是每次访谈支付报酬,确定补偿金的水平也可能是很棘手的事情。支付报酬,可能会对参加研究的潜在受访者的动机带来偏见。另一方面,有些人认为使用别人的话语而没有支付报酬,则是一种剥削(Patai,1987)。

在我和同事们所进行的研究中,我们便没有给受访者任何报酬。在访谈结束时,我们常常口头致以感谢。我认为,在访谈过程中会产生可以代替经济报酬的其他互惠方式。受访者告诉我们说,他们的访谈过程,是第一次有人坐下来和他谈论他们工作的事情。受访者还说他们很感谢能有人来聆听,参加访谈对他们来说是一个很有意义的经历。

访谈者必须为自己理清回报问题。他们的所有决定,都必须在书面的知情同意书中明确表述。关键的原则是,基于明晰的书面知情同意书,能否给予受访者真正参加这项研究的机会。知情同意书必须明确表明,有受访者对同意不从访谈者那里获得任何经济报酬的声明,或有报酬所依据的基础。一个不确定的关于金钱的陈述比一个明确的能否提供报酬的决定,所引发的问题更多。

关于儿童的特殊条件

如果受访者还没有达到知情同意书的法定年龄(大多数法律规定中为年满 18 周岁),访谈者必须获得父母或法定监护人的知情同意。如果适当的话,研究者应当寻求儿童的“同意”,但也必须获得父母或监护人的“允许”。在“大于最小风险”和对受访者很少有直接收益的情况下,必须获得父母和每个监护人许可(Protectoon of Human Subjects,2001,46.402,46.408)。

联系信息及知情同意书副本

受访者必须能在访谈之前、访谈中及访谈后与研究者取得联系。知情同意书的最后一部分,应当包括如何联系研究者的信息,以防受访者对该研究有疑问或其他关心的事项。这类信息应当不只是电子信箱地址,因为并非所有的受访者都有电子信箱。很多研究伦理审查委员会要求研究者列出自己的研究伦理审查委员会的联系信息,以备受访者对他们在研究中的权利有疑问时进行联系。

受访者和研究者应当签署知情同意书,研究者应把知情同意书作为研究资料进行保存,同时向受访者提供一个副本。如果这一签署文本能提供连接受访者和研究的唯一记录,同时若受访者身份被认出将有更大风险的话,研究伦理审查委员会将免除受访者在知情同意书上签名的规定(Protectoon of Human Subjects,2001,45. 46.117[c])。其他记录知情同意的方式,可在获得研究伦理审查委员会同意的情况下进行拟定。

恰当的语言

知情同意书必须运用没有术语的通俗语言来书写。如果受访者不能完全理解英语,知情同意书便应以受访者最能理解的语言来书写。研究者向受访者出示知情同意书的过程,同知情同意书所用的语言同等重要。研究者必须向潜在受访者讲解知情同意书,以确保受访者理解知情同意书中所写的内容。研究者和受访者都不能接受,随意确保知情同意书是可理解的。然而,让潜在受访者从字面阅读到真正理解知情同意书,是研究者应尽的责任。

确认研究伦理调查委员会审查过程和知情同意的复杂性

20世纪六七十年代,当联邦机构首次提出寻求知情同意的指导原则时,一些研究者认为执行新程序的成本将会超过所获收益。有经验的社会科学家对书面知情书、特别是对受访者进行观察研究的知情同意书表示质疑,因为这种观察研究也许是易变的、不固定的,因此很难在其中找到确切的同意。

作为对本书第1版的回应,社会学家凯西·卡麦兹评论到,尽管在访谈专业人士时,知情同意书看起来似乎不会有什么问题,但当访谈工人阶层的人士时,她发现知情同意书致使很多人"感到不舒服并对访谈采取一种怀疑的态度"(Charmaz,个人交流,1992年3月5日)。在对这一问题的深入讨论中,卡麦兹(Charmaz,个人交流,1997年3月23日及30日)谈到,尽管她试图运用一份简要、确切且避免术语的知情同意书,但在请求受访者在知情同意书上签字的过程,有时助长了在访谈关系中确立的权威感和主导感。在我的工作中我也意识到了这种感觉。当受访者在书面的知情同意书上签字时,我觉得自己已经得到了我需要推进的东西,也得到了伴随签字过程完成而来的一个小的控制手段。

理查德·G.米切尔Jr.的专题论文《保密和田野调查工作》,批评了用研究者方面的伦理责任来轻易代替伦理程序形式的做法。按照米切尔的说法,责任就是尽可能全面地从我们的受访者的视角,来理解和报道他们的经历和社会世界。米切尔也指出,寻求知情同意的要求,既能够保护弱者,同样也可以保护强者。他主张,在有些情况下,如他对"幸存者"进行的研究,如果研究者希望获得对他或她所研究的受访者的根本性理解,那么,在没有得到知情同意的宣称就秘密进行田野调查,是有必要的。

米切尔的观点是颇有争议的和有用的。和我一起工作过的博士生们也已谈过,我在这本书中所讲述的访谈方式可能会有一些问题,例如,采访精英人士或其他有权力的人时的情况(见第 7 章的访谈精英人士的讨论)。这些受访者不是拒绝在知情同意书上签名,就是签名后采取其他方式来避免洞察他们真正的观点。

还有其他一些情况和背景,隐藏在访谈过程中,至少隐藏在初始阶段寻求知情同意的必要性的背后(K. Charmaz,个人之间的联系,1997 年 3 月 23 日)。由于访谈主题的敏感性,在受访者感到处于弱势的情况下,他们也许会在签署知情同意书上犹豫不定。受访者由于各种各样的原因,对知情同意书的形式或语言不信任的话,便会对签署踌躇、存疑。感觉到自己和采访者之间的权力关系不对等的受访者,当被要求签署知情同意书时,会感到尴尬、困窘和不安。跨文化环境中的访谈,可能会给知情同意过程带来更多的复杂性(Cheary,2005)。

我个人经验是,访谈者可以在和受访者探讨知情同意书的过程中,通过体贴和关心来解决这种不安问题。另外,三轮访谈受访者的过程,以及在一段时间内建立并保持的访谈关系,不但能够减轻最初的不适,也能缓解研究者要求受访者签署知情同意书时产生的怀疑。如果访谈者没有能力在整个过程中建立友好关系的情况下,那么知情同意过程也许是受抑制的。当打算在受访者和采访者之间培育完全的平等关系时,知情同意有时也是禁用的。

一些社会科学研究者,主张调研的学术自由,并对研究伦理调查委员会就伦理问题审查过程中所表现的官僚做法极为愤怒。他们坚持认为,在大多数社会科学研究中存在的风险,是无论如何不能同生物化学研究中的风险两相比较的,而那些指导原则最初是针对后者提出的。他们断言,研究伦理审查委员会的审查程序是保护研究机构而不是保护研究对象的(这类评论的早期文本,见:Douglas,1979)。

2003 年,在口述历史的限定领域内,负责贯彻执行

45CFR46 的联邦“人体研究保护办公室”决定,口述历史访谈将不属于由卫生和人类服务部规章所规定的研究类型之中,因此它被排除在研究伦理审查委员会的监督之外(L. Shopes,个人交流,2004 年 10 月)。自这个决定作出后,正反相克的评论常在很多地方出现(Brooks,2005)。为了进一步讨论口述历史研究免除研究伦理审查委员会审查及其决定的确切表述,读者可以通过在网上搜索口述历史协会名称而登录其网站主页。然而,也许最重要的关注点是,大多数口述历史学家支持知情同意的见解,无论有没有经过研究伦理调查委员会的审查。

我个人的感觉是,尽管在教育和社会科学研究中生存和死亡并不是生死攸关的,受访者遇到的风险也并非无关紧要的。研究者在他们的研究结构和过程中,考虑研究伦理审查委员会的审查和知情同意的要求,明确它们对研究者自己和受访者双方的意义和诉求。拟定一个令人满意的书面知情同意书,需要访谈者很清楚自己的目的、方法以及与受访者的关系,知情同意书也能保护研究者不致因错误理解而带来的困扰。拟定知情同意书的过程,也能使研究者和受访者之间有一个更平等的关系,也能增强由平等性而带来的有效性。

长期以来,我希望更多的研究伦理审查委员会中有熟悉质性研究设计和方法的成员。在访谈研究者和研究伦理审查委员会之间的提交审查和获得通过的过程,应既能教育研究者,又能教育研究伦理审查委员会的成员。当一个研究伦理审查委员会的审查进行顺利时,也可以说更多是作为一个教育过程,而不是一个官僚审查过程(J. Simpson,个人交流,2004 年 6 月)。这个过程,也服务于受访者和研究者。对我们涉足这类研究的人来说,明确这一点——研究伦理审查委员会的审查和知情同意的过程,是我们对受访者承担伦理责任的开始,而不是结束——是基本的要求。

第6章 技巧不代表一切，但它居于重要地位

本章主要讲访谈是一门艺术，是访谈者个性的一种展示，而且是不能被教会的。按照这种思路，要么你擅长访谈，要么就是你不擅此法。但这种观点，仅仅说明了事实的一半。研究者可以学习访谈的技术与技能。下面便是这类技巧的讨论，它们是我从自己和他人的访谈经历中获得的认识。

少说、多听

在访谈中，聆听是最重要的一门技术。对很多访谈者来说，最难的工作是保持安静并积极地聆听。有关访谈的很多著作，主要集中于访谈者所提问题的各种类型，但我想通过探讨访谈者必须做到的各类聆听，来开始本章内容的讨论。

访谈者至少务必进行三个层面上的聆听。首先，他们必须聆听受访者讲述了什么。他们需要集中心智于实质性内容以确保他们对此真正理解，同时估量一下他们所听到的内容是否与他们所想的一样详细与完整。他们必须全神贯注，以使他们能够内化受访者所说的内容。最后，访谈者的问题也经常是伴随最初的聆听而来的。

在第二种层面上，访谈者必须留心如乔治·斯坦纳所称的与外部的公众声音相对的“内部声音（inner voice）”（Steiner,

1978)。作为外部的或公众的声音,总是能体现听众的意识。这并不是不真实的,但它是有防御性的。它是和受访者在礼堂内与300多人的听众进行交流一样的声音(倾听内部声音的深入阐述,见:Devault,1990,pp. 101-105)。

外部声音中有一种能使访谈者变得敏感的话语。例如,无论什么时候,我听到受访者谈到他们面对的问题是一种“挑战”或他们的工作是一种“冒险”时,我明白我正在倾听公开性的外部声音,因而我要寻找能倾听到内部声音的方法。挑战和冒险传达了受访者解决困难而不是斗争的一种积极经历。另一个能引起我注意的语词是“着迷”。我经常能在“谈话秀”访谈节目中听到这个词,它常常表达一种能蕴含兴趣本质的兴趣。无论什么时候,我听到受访者使用“着迷”这个词时,我便请求澄清其含义。通过不让受访者感到抵触而认真对待受访者的语言,访谈者能够鼓励受访者表达出一定程度上的深思性、更具个人特质的内部声音。

在第三种层面上,访谈者——如同课堂上的优秀教师一样——必须聆听谈话内容和过程,同时保持理智。在访谈过程中,他们必须掌握时间,他们必须掌握已经访谈了多少内容,以及还有多少未访谈的内容。他们必须把握受访者的精力水平,并对他或她提供的任何非语言信号保持警觉。访谈者一定要努力聆听以便对访谈进度进行评估,并对如何根据需要推动访谈向前发展的线索保持敏感。

这种积极聆听的方式,要求注意力集中并超越了我们生活中经常所做的事情。为了更好地利用每一部分的时间,这要求我们必须扭转我们喜欢讲话的本能。同时,当访谈开始需要引导、启发时,访谈者必须准备好一些有必要讲的内容。

为了有效利用积极倾听的效果,研究者除了对访谈录音外,还应当做一下记录。这种工作记录,将能帮助访谈者将注意力集中于受访者所讲的内容上。这种方式也能帮助访谈者尽量不打断受访者——通过允许访谈者记录受访者所提及的内容,以在时机恰当时能回到这些主题上去。

判断听力技能的一个好的方式是,转录访谈磁带的内容。通过增加一些新段落,将访谈者的问题和受访者的答案分开。将受访者讲话的段落长度,与访谈者讲话的段落长度相比较。如果访谈者听得很清楚,他或她自己的段落将会很短,且在受访者应答的较长篇幅中出现次数较少。

例如,注意下面这一页手稿。这是从教学设计者经历访谈中第二位受访者的开始部分里节选下来的。

访谈者:请您尽可能地详细地谈谈,目前你作为教学设计者或你在教学设计领域完成毕业生设计时的个人经历细节是怎样的?

访谈对象:教学设计的细节……好吧。

访谈者:您目前的经历……

受访者:好的。

访谈者:作为一名教学设计者。

受访者:这……,这样一类的工作……你的意思是我已经做过的一些工作吗?

访谈者:不是,您目前正在做的,像刚刚作为一个学生,或者是您曾说过的您正在进行的工作。

受访者:喔,好的。我最近所做的工作是……,你所说的目前或给定时期内我在做的事情,能不能具体一些,也许我在做或正巧没有做这类工作。你知道,我在工作中的经历是,无论我如何努力工作,我都不能在努力和成果之间,看到任何直接结果。另一方面,我的确努力投入到工作中。我做的工作没有任何收获(笑)。你知道我所讲的都像流星一样零散。它们的范围很广,包括很大范围的联系工作。(鼻音)也包括教给办公室工作者如何使用软件的方法。我已经完成了这些工作,很明显,这些都是从提议开始的,按这些提议做得越来越少,但是实际上,处理这些事情不是我的工作,两者之间在某些方面有一条界限。撰写提案是着手工作的一部分,因

> 此我也经常撰写提案,但我不需要做大量的工作。(鼻音)有些方面,提案完成后或在提案期间,我(鼻音)开始工作。(节选自:Tremblay,1990)

这段记录,是访谈者努力聆听受访者的一个很好的例子。在访谈开始阶段,受访者的注意力并不十分集中。访谈者集中注意力于听取受访者所讲的内容,慢慢地将其引入第二轮访谈的参考框架内。一旦她使受访者进入正确的轨道,她便可以聆听且让受访者去讲述。即使受访者停顿了几秒钟时,她也没有打断。

佩泰(Patai,1987)将倾听巴西女性受访者的过程,描述成为集中注意力和对他们开放的一个突出方式,这种方式使她全神贯注地沉浸在他们的讲述中(p. 12)。尽管并不是每次访谈都有如佩泰所描述的那样魔术般的质量,对受访者经历的兴趣及在自我省查中控制自我中心的意愿,是访谈中聆听的关键,这种访谈中聆听的努力过程,能促生如佩泰所述的沉浸其中的效果。

跟随受访者所讲的内容

访谈者在访谈中确实需要讲话时,他们常常是提出问题。在深度访谈期间,提出问题的关键是使他们尽可能地紧跟受访者所讲的内容。尽管访谈者在每次访谈开始时通过一些基本的问题来明确访谈目的和重点,但访谈者要跟随受访者回应中的讲述,请求受访者澄清有关内容、追寻具体细节、讲述应讲的故事。尽管时机恰当时,访谈者可以按照他们事先以自己意愿确立的访谈指南进行访谈,但访谈者在访谈方式中原初的基本工作是积极聆听,并在受访者开始分享的内容基础上尽可能地向前推进访谈。

当你不理解时,提出问题

理解对方所说的所有内容,是一项很困难的工作。有时候讲述的背景不是很清楚,而另一些情况下,我们不理解对方所说的特定含义。在每天的对话中,我们经常会让这些没有被理解的问题溜走。在访谈中,这些没被理解的问题会影响访谈过程。

访谈结构是累进性的。一轮访谈为下一轮访谈提供了背景。在前一轮访谈中对某些问题没有理解,访谈者也许就会漏掉受访者后来所说的其他某些相关的重要问题。访谈中的每一段落是相互联系的,它们不能被预言。而且,当访谈者不能理解某些事情时,他或她让受访者知道这种情况的做法,恰好表明了访谈者正在聆听。

有时候,直接得到经历的时间顺序是很困难的。访谈者理解特定时间、背景下的经历,是非常重要的。如这样的一个问题,"你能再次告诉我这件事情发生的时间吗",这是合乎情理的问题。我使用了"再次"这个词,不是为了表明受访者本身说得不清楚,那样会使他们很抵触,而是在通常情况下,表明我自己在第一次倾听中没有给予足够的注意。

有时候,受访者使用模糊的词汇,看起来在交流,但交流得不是很清楚。例如,我经常访问的一个社区学院的教师,一直说他的学生"他们非常好"。我不明白他使用的"好"这个词,意味着什么。从某种意义上看,他在整个访谈中讲述的内容,看起来表达出了对他学生的尊重有所琐细。我问他,"什么是很好?",他回答道:

> 在以前我所任教的私立大学(他曾经在先前的谈话中提到)里的学生是很无礼的,他们经常提出一些要求。我无意于指责理性的要求。他们会说"你没有说过。你没有说过就这些内容对我们进行测试"。我们的社区学院中的学生确实很好。我觉得这听起来很蠢,我对此表示歉意。

> 由于某些原因,我们周围邻里朋友中有最好的人,这么说确实很疯狂。现在一般不可能有这样的人。但是,我们对这个校园有一种观点。这里双方相互的尊重,当我的学生去过一些地方返回到这里学习后,我获得了许多这样的尊重。这是非常不同的感受,然而在较大的学校里,你真的不可能认识每个人。啊,尽管如此,在这里有一种社区感,即使你正处于暴躁、侵犯和好奇的状态时,也没有我所说的粗劣感。也许我们的学生不是那种主动性的,这也许是他们为什么不那样问的原因,但他们对教学来说真的很好。你几乎永远不会有什么可以称之为纪律的问题。这里没有发生过……我也不知道。我的确喜欢我们的学生。我认为他们如果能更好地准备一下的话,他们绝对是完美的,但这与他们作为很好的人相比来说是不重要的……他们是很容易合作共事的人。(对塞德曼等人的访谈,1983)

在我让他对使用"很好"这个词进行澄清的回答中,受访者进一步深入到他教学经历的本质的讲述。在我认真考虑他的话语时,他琢磨了他使用"很好"这个词的意思。作为访谈者,我也就能更好地理解他使用略显简单的"很好"这个词时,所要表达的复杂意思。

要求听到更多的有关主题的信息

当访谈者想更多地听到受访者正在讲些什么的时候,应当相信自己的直觉。当访谈者对自己所听到的内容不满意时,应当提出问题。有时候,他们认为他们没有听到完整的经历;另一些时候,他们可能认为听到了概况,并希望听到更具体的细节;或者他们对受访者正在讲的内容很感兴趣,并希望能听到更多的情况。有时候,访谈者在倾听过程中,开始感到一些含糊不清的问题从中涌现出来,因为他们感到应该还会有更多的故事。在这些情况下,对访谈者来说,要求听到更多的信息,是非常重要的。

例如,在一个重返社区学院学习的老年妇女的研究(Schatzkamer,1986)中,一位学生讲述了她的数学课程的经历。她修习的这门数学技术课程的后面三分之二的部分,都属于计算。

她说,"在那个时刻,我失败了。那超过了我的数学能力……它超过了我的理解。因此我必须服从。这种做法是我在学习中不常用的,但我只能记住并做了被告诉我应该做的计算,而且遵循了我所应该遵循的公式,这让我感到遗憾。我得到了 A,但我对此很遗憾。"

访谈者听到"我对此很遗憾"这样的话时,想能听到更多的信息。跟随受访者所说的,她问道,"什么使你感到遗憾?"

受访者回答道,"我从未真正理解它,你知道。我没有真正学会这些内容。我相信在学过的但没有学会的所有计算公式后边,有些内容很值得学习。理论上我学会了如何将其作为一个工具来使用它。你知道我很盲目:找到正确的公式和材料,再把数字代入公式中。这可不是学习数学的应有方式,我还是没有真正理解。"

在跟随受访者对此很遗憾的话后,访谈者给了受访者一个进一步讲述她自己故事的机会。在这个过程中,她展现出了学习的欲望,以及对数学美的潜在欣赏力,这些便能增进读者对她的社区学院学习经历的理解,以及我们对她个人的尊重。

探究,不要刺探

在所提及的跟随受访者讲述的技巧中,相关文献中常常使用"刺探"这个词(如见:Lincoln & Guba,1985;Rubin & Rubin,1995)。我从未觉得这个词是合适的。当我听到这个词时,我总感到一个锋利的物体刺入柔软的肉体中。这个词汇也表达了强势的访谈者,将受访者看成了一个物体。我更中意于探究受访者的提法,这比刺探受访者所讲述的内容更为适宜。

同时,如此之多的合时宜的指向受访者的话语,会致使他或她变得抵触,并使访谈话语的意思由受访者转变为访谈者自己的意思。访谈易变为访谈者研究议程的一个工具,而不是对受访者经历的探究。然而,太少的探究,给访谈者对他或她所采集材料中受访者的意思留下了不确定性。这也会纵使受访者在访谈中使用不是很有用的抽象性和概括性表述(Hyman et al.,1954)。

多听,少讲,并提出真正的问题

多听,少讲。我之所以在这里重复强调访谈的首要原则,是因为它很容易被忘记。当你提出问题时,只能提出真正的问题。我所说的真正问题,是指访谈者并不知道或期待得到答案的问题。如果访谈者提出问他知道答案的问题,比较好的方式是,先讲出他自己的认识,然后询问受访者对自己认识的看法。

避免引导性问题

引导性问题,是可能会影响回答方向的问题。有时候,引导性存于在问题的语调中:语调暗示着一种期待。有时候,引导性体现在问题的措辞、句法和语气中,如当访谈者问“你真的想这么做吗?”。有时候,引导性在问题所暗示的结论中。一位访谈者,在聆听受访者关于她的家庭及早期教育的故事中问到:“你父母强迫你学习,是怎样的吗?”或在其他一些地方,访谈者问,“你对教室布置的满意程度如何?”,也许反过来问,例如,“你喜欢教室布置成什么样的?”(关于引导性问题的广泛讨论,见:Kvale,1996;Patton,1989;Richardson et al.,1965)。

提问开放性的问题

与引导性问题的情况不同,当允许受访者选择他或她喜欢的谈话方向时,开放性问题确定了所要探究的范围。它不需要假定一个答案。至少有两类开放结论的开放性问题,与深度访谈有关。一类是斯普拉德利所称的“大旅行”问题(grand tour)，在这类问题中，访谈者要求受访者再现一个较长阶段的经历。例如，在一个对咨询顾问进行的访谈中，访谈者也许会说，“讲讲你的一个工作日的情况吧”。或和教师一起进行访谈时，访谈者也许会说，“你给我再现一下，从你早上睁开眼到晚上上床睡觉的一整天的经历吧”。

也有一类“小旅行”问题(mini-tour)，在这类问题中，访谈者会要求受访者再现特殊经历中的某段具体时间的经历细节。例如，访谈者会要求一位副校长，再现与一位学生因纪律问题进行特殊会谈的细节；或访谈者会要求一位教师，谈论和一位家长进行特定会谈的经历。

第二种类型的开放性问题，更多地关注于受访者的主观经验，而不在乎外部的结构性情况。例如，受访者会谈她在与一个家长会面的经历。当问她这次家长会面中发生了什么时，访谈者也可以要求她谈谈，对她而言，这次会面像什么。

尽管开放性问题有很多方式，但当我对知晓受访者的主观经验感兴趣时，我发现我自己常常会问这样的问题，对你来说，它像是什么样的？正如舒茨(Schutz，1967)所说，重新体验受访者所经历的一切，是不可能的。如果我们可以这样的话，我们便成为受访者了。也许我们最能接近的方法是，提出一些隐含在“像”这类词汇里的比喻性问题。当访谈者提出对受访者来说像什么样时，他们也提供了受访者根据自己感觉而不是由访谈者引导，来重新构建自己经历的机会(在口述历史访谈中所用的提问策略的深入讨论，见：Yow，1994 年，pp. 38-44)。

跟随，不要打断

进行访谈时，要避免打断受访者的讲述。常常会出现的情况是，访谈者会对受访者所说的某个问题感兴趣，而不是对受访者本身感兴趣。当受访者继续讲述时，访谈者会对自己感兴趣的内容产生出打断受访者讲述的冲动。然而，优于打断受访者讲述的选择是,快速记下感兴趣的关键词并继续跟随讲述,以后再对此提问,这样做,不会打断受访者思路的连贯性。这种提问的机会,会在同一次访谈的后续阶段或在下一轮访谈中出现(Richardson et al. ,1965)。

例如,一位教师曾经在第二轮访谈开始时,讲述了她的紧张的生活节奏和无处藏身的情况。当时,我对她所讲的很感兴趣,但她会继续讲述其他方面的经历。我没有打断她,而是在我的笔记本上,记下了"快速节奏"、"无处藏身"这样的关键词。

后来,在她回答中有一个暂停的时候,我回到了这些关键词,说:"回到你刚才谈到的快速节奏的情况。你说走进教室,给学生上课,回到办公室,持续工作很长时间,没有地方藏身。你能再详细谈谈快速的节奏和无处藏身的情况吗?"(Richardson et al. ,1965,pp. 157-163),"回音"术语的方式和对其滥用的警告。而且,韦斯(Weiss,1994,pp. 77-78)提出,对受访者可能非常重要的事情做下标记、并回头去探讨这些话语,是至为紧要的,但当时你可别为了知道相关情况而去打断受访者的讲述。

在社区学院的建筑对受访者日常生活影响的访谈中,受访者讲述了自己的经历。为了使教师尽可能地易接近学生,学院的设计者把教师办公室面对走廊的墙,变成了玻璃幕墙。受访者则表达了她的受挫感,她所在的建筑里,从来没有一个可以不被别人看到的地方让她能工作,更可能的则是被打扰。尽管她可以关闭她的办公室的门,但她根本不能关闭那些能看到她的人的视线。

两种特别喜欢的方式

每个访谈者也许都有偏爱的与受访者进行访谈的方式。我有两种经常使用的这类方式。

请受访者和你谈话,好像你是另一个谈话的参与者

当我感到我正在听外部声音并努力探寻内部声音时,便使用第一种方式。在这样的情景下,我常常使用巴顿(Patton,1989)所说的角色扮演式提问法(也见:Spradley,1979)。我力求设想出能让受访者以最舒适的感受进行个人谈话的对象。然后,我尽己所能请求受访者把我看成是那样的人。

我也可能说,"如果我是你的配偶(或你的父亲、老师或你的朋友),你会对我说什么?"。有时候,这样的问题很空泛。我的能力不足以扭转受访者参考的框架,以使他或她跟我的谈话中把我当成另一个谈话的参与者。但这种方式常常得到很好的利用,角色扮演法能够见效。受访者以不同的声音进行讲述,直到我和受访者都沉浸在各自所扮演的新角色时,他或她才会变得活泼愉快。

请受访者讲故事

我也常常会请求,受访者给我讲他们所正在谈论的故事。从某种意义上说,访谈中所说的任何事情都是一个故事。然而,例如,如果受访者正谈论与学生的关系时,我也许就会说,请他或她谈谈自己经历中占据特别位置的某个学生的故事。

并非所有人对讲一个故事的直接要求,都会有舒适感。这种要求,似乎会阻碍那些认为自己讲不好故事或讲述故事只是他人的事情的人。然而,另有一些人突然想起某个特殊的事件,便变得沉迷于回想这件事,并讲述一个完美的、与实际经历的过程一样的故事。

我一直都记得,一位教师曾经讲过的她如何解决与学生们建立密切联系时所遇到的困难的故事。她把自己设想成像学生的一位大姐那样和善。有一天,她无意中听到她的一群学生正在讲下流的笑话,她给他们讲了一个文雅的笑话。

一周后,副校长把她叫到办公室并告诉她,学生家长对她讲的那个笑话很愤怒。这位教师于是持续与多个家长进行会

谈,解释她自己当时的情况。她谈到,在这些会面中没有得到副校长的真正的支持。最后,她冷静地思考了一下,她不知道和学生在什么情况下要划清界限。她说:“那个下流的笑话是很恐怖的,我知道它。我也知道我只想成为孩子们中的一员,接近他们……我对他们来说很熟悉的。我一直认为教学……和孩子们相关。”

像这样的故事,这位教师对自己经历的这一部分,讲述了一个开头、过程和结尾的完整事件,勾画特征、描述冲突,并展现她是如何解决冲突的,以一种颇受启发且具有意义的方式讲述了她的经历(见:米什勒关于叙事的力量的深入讨论(Mishler,1986,第4章);故事和叙事的复杂性(Mattingly,1998,第1、2章))。如果访谈者不间断地要求受访者用故事来说明个人经历,这种技巧将不会起任何作用。尽量少用,而且只用于受访者经历的特殊方面,那么,将会在访谈中促发值得珍惜的时刻。

要求受访者重构,而不是回忆

避免让受访者对自己的记忆有依赖性。如果能记起某些事情时,要尽快地询问,这能阻止长期记忆出现(Tagg,1985)。实际上,不是要求受访者回忆个人经历,而是重构个人经历。直接提问“发生了什么?”或“你的初中经历是什么样的?”而不是问“你能回想起来你的初中经历吗?”。

访谈者可以认为,受访者能够重构他们的经历,因此能够避免很多的回忆障碍。重构是部分以记忆为基础,部分以受访者对过去事件重要内容的现在感受为基础。在某种意义上说,所有的回忆都是重构(Thelen,1989)。在访谈中,尽可能地直接进行重构,会更好一些。

聚集受访者注意力,并询问具体细节

要让受访者的注意力集中于访谈主题上。如果他们在第一轮访谈中开始讲述最近的经历,要努力引导他们,使他们回到主题上来,即从他们的生活史中得出前后背景。尽管访谈者要避免一种与受访者之间的力量冲突,但他或她在访谈过程中必须提供足够的引导,这样才能使受访者遵循访谈结构和三轮访谈系列中每轮访谈的目的。

在整个访谈中,特别是前两轮访谈中,在探究他们的态度或观点之前,询问一下受访者生活经历中的具体细节。这类详细信息组成了经历,而态度和观点以经历为基础的。如果没有具体细节,这些观点和态度看来是没有根据的。

访谈时不因个人变化而起伏不定

关注访谈中情绪时高时低的起伏情况,使之不要受个人变化的影响。深度访谈常常会让受访者非常吃惊,因为他们很少有机会对家庭和朋友圈之外的某个人谈论自己的经历。因此,他们会全神贯注地投入到第一轮访谈中他们所讲述的事情上,以至于他们在后来的访谈中惊奇地发现,原来他们讲述的东西是大家都有的(Spradley,1979;Kirsch,1999)。访谈者在第二轮访谈中也常常会想,第一轮访谈是多么完美,对受访者在目前的访谈中有点退缩且不愿意和以前一样分享自己经历的情况感到吃惊(Young & Lee,判定一个类似的现象,1996,p. 106)。这时,访谈者必须细心,不要像前轮访谈那样追根问底。第三轮访谈中,允许受访者在找到一个感觉舒适的范围内进行交流、分享。他们自己解决自己的问题。

限制你自己的互动

只偶尔分享自己的经历

访谈者的经历和受访者的经历有联系的情况,常常出现在访谈中。访谈者将这类经历以坦率、私人的方式与受访者进行分享,会鼓励受访者用比以前更内在的声音,去继续重构他或她自己的经历。然而,过多地运用这种方式,这类分享也会扭曲访谈,而且会将访谈受访者自己的经历分散、转移到访谈者身上去。我记得,当把我认为和受访者所说、所感相关的自己的故事进行分享时,受访者对我很不耐烦、停止了讲述(关于可接受的访谈者和受访者互动量的不同观点,Oakley,1981)。

避免强化受访者的回应

访谈者在访谈中要既不积极也不消极,避免强化受访者正在讲述的内容。一个有效的训练项目是,逐字抄写过去5分钟的访谈内容。访谈者面对受访者的近乎所有讲述,都习惯于说“嗯”,或“好”,或“是”,或其他短暂而肯定的回应,有时候这是很清楚的,而有时候,访谈者几乎没有意识到他们正这样做的行为。

对于有这类强化受访者的回应以图引起重视的行为,很多访谈新手认为没有任何不当之处。他们坚持认为,这表明他们正在倾听、注意力集中,受访者也对此会心存感激,继续他们的讲述。我常常认为,这是一个难以割舍的相对初级的控制机制。

但是,对他们所听到的内容进行强化的访谈者,正在承受着扭曲受访者回答的风险。一个更有效且不具有侵犯性的方法是,在稍后进行访谈时对受访者较早涉及的内容进行说明(关于强化受访者回应的更平衡的观点,参见 Richardson,1965)。

探究笑声

受访者常常在讲述某事时笑出声来，有时候是因为他或她所讲述的内容明显是很有趣的。另一些时候，这种笑表明了紧张或嘲讽，访谈者对笑声的起因不清楚时，值得探究这种笑声。例如，当访谈一位科学课的女教师时，我问她，她所在的社区学院科学部的 60 位教师中有 10 位女教师，这种实际情况是怎样影响她在学院里的权力感的。我提到了罗萨贝斯·莫斯·坎特（Kanter，1977）的《公司中的男人与女人》著作中，对人数和权力的讨论这一问题。受访者回答道：

> 好，你知道这不是个公司。我的意思是说，人们在这里面并不争夺地位，这便是最大的不同。我认为，如果我们真的为某些事情进行相互竞争的话（笑），那这便是最重要的因素。但是，我们没有竞争，有很少的人想升到高一级职位，这便是部主任。我感觉我能当选部主任，如果需要我选择的话（暂停）。我的性别根本不是障碍（暂停）。甚至这是一个有利之处，但是这里的大多数人对职位不感兴趣，这不是一个玩权力的舞台。我们都退休了（笑）。（塞德曼等的访谈，1983）

她讲述完后，我在心中把她的笑声与她所讲述的内容一起进行权衡，我说“听起来有点刺耳”。她在回应中，谈到了自己的不具有竞争性、进取动力不高的教师经历的积极和消极的方面。在这一点上，我没有追问，因为我认为这么做可能会使她变得有防御性。我在笔记中写下“笑?”，在访谈后期又回到这一点上进行探究。正如斯塔兹·特克尔所说，“笑可以是痛苦的哭，沉默可以是呐喊”（Parker，1996，p. 165）。

顺从你的直觉

顺从你的预感,相信你的直觉。时间适当时,可以冒险地表达你的想法或提出有难度的问题。有时候,在访谈期间,一个问题的开始形成,或许最初只是一个模糊的影象,然后便成为一个真正的疑惑。我的经验是,相信这类反应,设计问题并以最好的方式表达,这些是很重要的。

在与一位兼职教师进行访谈期间,我逐渐感到越来越不适。我不能找出什么原因使得我如此不安,直到我意识到受访者正在非常正式地,但没用太多精力地谈论他的正面的教学经历。他的无声语言与有声语言之间相互矛盾。我开始认为,尽管他相当积极地在讲述他的正面的教学经历,但他对自己的教学实际上是很不开心的。

这种直觉让我感到不适,但在第二轮访谈的最后,即我们进行到整个访谈的 2/3 的时候,我对他说,"你知道,我不能理解。你在讲述中说你乐于进行你的教学,但你讲述中的某些方式使我认为事实不是这样,是这样的吗?"。

如我已敞开的话题,他对我进行了回应。他开始谈到,对兼职教师得到了最差班级是多么的愤怒。他说,即使精心地进行了的数学备课,他仍没有机会去教高水平的班级,这种情况持续了 5 年。因为,所有的课程安排是以资历为基础的。然后,他说他工作有多么努力,很少有时间在周末和妻子待在一起,而且他赚的薪水有多么的低。作为一种顺从直觉的结果,我获得了有关他经历的完全不同的描述,在接下来的访谈中,他的有声语言和无声语言是相吻合的。

谨慎地运用访谈提纲

访谈的一些方式依赖于访谈提纲(见 Yow,1994)。访谈者依照他们想得到的回答或他们想收集到的数据、信息,去设计问题。然而,深度访谈不是要设计成检测假设、收集问题的答案或形成共识性观点的活动。而是要设计成让受访者重构他们的经历,并探究他们意义的活动。在深度访谈中经常用到的问题,是从受访者所讲述的内容中产生的。

然而,深度访谈的研究者可能会想拟定一个访谈提纲。访谈的基本结构是能够确立系列访谈中每轮访谈的中心问题的。但是,访谈者从没能以无先入之见的姿态进入访谈的情景中。他们或者有兴趣,或没能选定他们做过的研究问题。另外,一些受访者要求比其他人更快地进入个人经历的重构过程中。况且,在进行了一定数量的访谈后,访谈者会注意到一些受访者都强调了某个特定的问题,访谈者就想知道其他受访者对这个问题是如何反应的。

由于这些原因,在我们关于教师经历的研究中,我们拟定了一个指纲,列出了下面这些领域:教师与指导者、学生、其他教师、家长之间的关系,教师与监测、考试及评定分数的关系。在绝大多数案例中,教师讲述他们的教学经历时,会不由自主地提起这些话题。在他们不提起这些话题的情况下,在有不打断或分散、转移、干扰受访者重构他或她自己经历的机会时,访谈者可以参考访谈提纲并提出前述问题中没有涉及的问题。

如果访谈者决定使用访谈提纲,他们必须要避免操控受访者对提纲中的问题进行回答。访谈者应当以开放和直接的方式,对他们感兴趣的问题进行提问,访谈者可能要认识到这些问题主要是来自他们自己的兴趣,而不是来自受访者所讲述的内容。访谈者必须尽力避免将他们自己的兴趣,强加于受访者的经历之上。运用访谈提纲的访谈者,必须考虑到这样一种情况,即他们自己或其他访谈者感兴趣的话题,而受访者却不感兴趣。访谈提纲很有用,但必须谨慎运用。

容忍沉默

有时候,访谈者会对沉默变得不耐烦、感到不舒服。他们有可能将这些不适扩及到受访者身上。他们把暂停视为空隙,并用快速提问跨入访谈中,以填补这个空隙。一个有用的练习是,重新播放访谈磁带,并记录在访谈者通过提出问题跨入访谈中去之前,留给受访者多长的思考时间。我的经验是,采访新手在问下一个问题前,要有适当的等待时间。当我们重听访谈的录音带时,我们确定他们实际上只等待了 1 ~2 秒钟。深入的思考需要时间,如果访谈者能学会忍耐问题后的沉默,或学会忍耐受访者重构中的暂停,他们也许会听到由于他们打破沉默而进入下一个问题的情况下所从未能听到过的事情(教师等待回答问题的时间对学生回答问题的质量的影响,见:Rowe,1974)。

另一方面,约(Yow,1994,p. 63)和戈登(Gordon,1987)指出,访谈者过长时间的沉默,则会对受访者带来不必要的压力。访谈者长时间的沉默,会使“孕育或宽容”的暂停转变成“尴尬的沉默”(Gordon,1987,pp. 423-426)。

在访谈的其他方面,在通过问题快速跨入访谈和沉默中长时间等待之间,有一个微妙的平衡。在这里没有规则可谈。给受访者一定的时间进行考虑、反思、补充他或她已经说的内容,是非常重要的。这对一些受访者来说可能会需要 1 ~2 秒,对另一些人来讲则可能需要 20 秒。

结 论

对有效的问题来说，没有什么窍门。真正有效的问题，来自于访谈者全神贯注的聆听、将兴趣放在受访者所讲述的内容上以及访谈目标的不断向前推进。有时候，一个重要的问题是从一种不能确切界定的勇敢或直觉开始的，这需要时间来考虑提问方式、权衡提出这样的问题可能存在的风险。有时候，有效的问题反映了访谈者自己对受访者正在讲述的内容的一致性的一种摸索，这是访谈者以迟疑、不确定的方式进行提问摸索。

有效的问题，是与情景密切联系的，是对访谈者和受访者之间关系的一种反映，定义它要冒将人们互动过程机械化的风险。从某种意义上讲，访谈者以平常人的方式进行访谈，正是访谈者应采取的平常方式。如果访谈者是那种永远只讲而不聆听、要求在大部分时间内充当大家注意力的中心、从不对他人的经历感兴趣的人，无论在访谈中采取何种访谈方式，他的这些特征都可能会弥漫在访谈关系之中。

访谈者最重要的个人特质是，必须对他人有真正的兴趣。访谈者必须深刻意识到，他人的故事除了对当事人自己是有用的外，在提供给访谈者进行研究时也有同样重要的价值。一个人拥有对他人感兴趣的气质，便有了学习访谈技巧并练习该技巧的基础。

第7章 访谈是一种关系

访谈不仅是一种研究方法，而且是一种必须培育、维护，而后优雅地终止的社会关系(Dexter, 1970; Hyman et al., 1954; Mishler, 1986)。从某种程度上说，每一种访谈关系都是一件特制的艺术品，是被访者和访谈者的个性特质和相互交流互动方式的反映。同时，这种关系也反映了深度访谈的目的、结构和方法。例如，在2~3周之内，受访者和访谈者会面三次建立的关系，与单独的一次性访谈后建立的关系完全不同。

访谈者可以尽力与受访者建立一种超脱性的关系，不受世界观、阶级分层和紧张情绪所影响。然而，个人性的访谈关系存在于社会背景之中。虽然访谈者试图建立一种独立于社会背景之外的超脱性访谈关系，但来自社会阶级、民族、种族、性别，以及社会地位的压力，都可能会对其产生影响。虽然访谈者会尽力避免这些社会因素带来的压力，但它们仍旧会影响访谈者与受访者的关系。

访谈是一种“我—你”关系

舒茨(Schutz, 1967)在他的一本翻译精美的书中提到：一个人对他人的多方了解，建立在“我—你(I—Thou)”关系之上。这个概念源自哲学家马丁·布伯的表述，它同时表明了两人解释的相似性和差异性。"你(Thou)",是一个与访谈者关系亲密但相对独立的个体。根据舒茨的观点,我们认为"你"是一个"有活力、有意识的人"(p. 164)。"我—你"关系,暗含着对访谈者将受访者看作一种物体或另一类型的观念转变,而按常理,他或她通常会将被访谈者在语法上描述为第三者。舒茨认为,每个人都坚持以"你"为主的观念,"我们(Thou-ness)"之间的相互关系就很容易建立起来。

访谈者的目标就是把自己与受访者的关系,转变为一种接近于"我们"的"我—你"关系。在我以前谈及的访谈方法中,访谈者不是努力将此转化为完全的"我们"式的关系。当访谈者将自身转化为平等的参与者时,谈话的结果就转化成了对话,而不是访谈。然而,在"我—你"关系中,访谈者要与被访者保持一定的距离,给被访者留出尽可能独立地思考的回应空间。

然而,在一些参与性研究方法中,访谈者确实试图创建一种完全的"我们"式的关系(Griffin,1989;Reason,1994)。奥克利(Oakley,1981)认为,如果不这样做,那就是一种利用关系,反映了一种男权、官僚主义色彩的研究模式(见:de Laine,2000,pp. 108-116;Stacey,1988,委婉地批评了奥克利关于男女平等地位的讨论)。充分地谈论自己会让气氛变得活跃和随意,但少谈一点又会维护受访者的话语自主权,我试图在这两者间找到一种平衡,以便更多地关注受访者的经历和体验而非我自己。

融洽的关系

这种平衡的行为,对于建立访谈者与受访者之间的融洽关系来说至关重要。当然,对那种访谈者与受访者之间关系越融洽越好的公认假设,我从来不能完全苟同。融洽关系,是指与人建立一种和谐的、一致的亲密关系。将之推向极端,问题在于与受访者建立融洽关系的意愿,有可能转化为一种完全的"我们"式关系。而这种关系中谁的经历与研究主题更相关,谁的语言更有意义,是一个非常令人困惑的问题。

在我们对社区学院所进行的研究中,一位受访者在第二轮和第三轮访谈之间,邀请我和妻子去他家共进晚餐。在研究过程中,我从未接受过受访者这样的邀请,所以不知道该如何应对。我不想表现出无礼,所以就接受了。我和妻子按时去他家赴约。那是在一个加利福尼亚后花园的一次美妙的野餐,我们与受访者及其家人共同度过了一段美好的时光。但几天后,当我到他办公室对他进行第三轮访谈时,他不但表现得与我非常熟悉,而且对我很热情,这使我不知道如何保持与他之间的距离,以寻求到我想要的问题的答案。作为访谈者,我感到犹豫不决,不想冒险亵渎他邀我们赴宴的好客、热情。

与受访者建立的融洽访谈关系,必须在访谈者的掌控之内。非常友好或一点也不友好,都会影响受访者在访谈中的表现(Hyman et al. ,1954)。例如,为了建立与受访者之间的融洽关系,有时候访谈者可以与受访者分享相关的经历。虽然这种分享有利于双方之间融洽关系的建立,但也可能会影响和扭曲受访者的讲述内容。就访谈者而言,访谈关系必须建立在彼此尊重、话题风趣、态度认真和言行礼貌的基础之上。访谈者必须时刻关注情景的合理性。像教学中提到的那样,访谈关系是一种友好的关系,但绝不是友谊。朱迪·斯泰西(Stacey,1988, p. 24)关于这一观点的论述特别引人注目。她告诫说,研究者和被研究者之间的相互关系越亲近,这种影响越明显,挖掘受访者的潜在风险越大。

我建议,在访谈关系建立之初,与过于亲密的关系相比,关系还是相对正式一些更为适宜(见:Hyman et al. ,1954)。例如,访谈关系建立的第一步,是要询问受访者是否介意访谈者对其直呼其名。如果没有询问,而假定彼此熟悉,那么就有可能遭到受访者的敷衍,尤其是老年人。诸如为受访者开、关门,让客人先入座,并进行自我介绍以让对方了解你,等等。虽然,这些普通礼仪只是一些微小的细节，但这些微小细节却表明了你对受访者的尊重，这些对访谈过程至关重要。

一旦受访者开始讲述他或她的生活史和目前经历的细节，访谈者应在尊重受访者话语权的基础上，抓住机会提出一些较难回答的问题，要与深度访谈的基本要求之间保持合理的平衡。例如，在我们关于深度访谈和质性研究的研讨会上，一位访谈者谈到，受访者的一些言论在访谈者看来反映出了种族主义的敌视态度。当时，在研究项目的预研阶段，访谈者对于受访者的话语感到很不舒服。而她也没有采用适当的技巧挖掘这样一个难以做出判断的话题。然而，她后来意识到，如果使用这些访谈材料，将对受访者很不公平（见：de Laine，2000，pp. 197-203；Lee，1993，pp. 187-194，关于研究者自我偶尔造成影响的审视）。在以后的访谈中，当她在受访者陈述过程中遇到迷惑的问题时，就寻找一些技巧、方法，鼓励受访者挖掘自己谈话的隐含意义。

影响访谈者和被访者之间融洽关系的另一个原因是，一旦访谈结束后，访谈关系发生了戏剧性变化。这种关系渐渐疏远，访谈者将目光转移到访谈生成的材料上面。这样，就很容易产生材料的所有权问题。访谈者应该将访谈材料的副本和相关录音材料的复制件拿给受访者，受访者有权了解这一切。受访者也许想审读一下这些访谈材料，看看其中有没有使其感到不适的内容，或者有没有希望在研究中被删除的内容。这个阶段的访谈关系，很可能通过电话、书信、电子邮件等方式来维系。访谈者必须保证访谈结束后，双方的融洽关系与访谈时建立的关系有一贯性（见 Griffin，访谈者与受访者之间活跃、动态的关系模式，1989）。

访谈者一旦把访谈写成报告，就应当与受访者共同分享。林肯和古巴（Lincoln and Guba，1985）指出，这种所有研究参与者共同检查的方式，有利于保证报告的可信度和可靠性。但是，这样也可能产生了一些难以解决的问题。一些访谈者给予受访者审读访谈材料的权利，但受访者有可能否决访谈者的工作方式,包括访谈者的研究材料分析和访谈报告。一些研究者进一步提出,受访者也应当参与到访谈材料的整理工作中去(Griffin,1989)。就这一问题,研究者们态度各不相同(Patai,1987)。一种代表性的观点是,一些研究者提倡合作研究,共同拥有材料。另一种代表性的观点是,一些研究者主张一旦访谈结束,就终止访谈关系。访谈者只需要确保受访者了解访谈的原因,以及访谈者没有扭曲受访者的讲述主旨就可以了。

我认为,访谈者和受访者应当分享和他们相关的所有访谈材料。我特别想知道,我的材料加工过程是否对受访者造成了不利影响,以及我的表述是否是准确的。然而,除了可能的受影响性或不准确性之外,我保持拥有撰写最终报告的权利。同时,我支持德莱恩(Laine,2000,p. 191)提出的原则:不要公开任何不打算直接告知受访者的有关资料(在利特尔伍德(Lightfoot,1983)开展的关于高中的研究中,出现了她的研究的受访者不同意她的解释的尴尬情况)。

访谈结束后,访谈者预期的访谈关系的类型,会影响访谈者在访谈过程中培育的访谈关系的本质。如果访谈者在访谈过程中创建了一种完全的"我们"式关系,就应当准备做好后期处理工作,撰写好访谈报告。在这样一种深层次的分享、相互影响的亲密访谈关系业已建立的情况下,访谈结束后的访谈材料归一方所有的做法,势必会产生各种问题。而另一种选择是,访谈者在访谈开始时,阐明了受访者的权利,在他或她与受访者之间保持适当的距离,为整合访谈材料创建了双方关系平等的条件。

社会群体认同与访谈关系

由受访者和访谈者带入访谈的社会认同,也会影响访谈关系的平等性。我们的社会认同,受到来自于自身阶层、种族、民族、性别以及生活中与权力有关的社会压力的影响(Kanter,

1977）。访谈关系伴随着权力的问题——谁主导着访谈的方向，谁控制着访谈的结果，谁从访谈中受益。建立平等的访谈关系时，要考虑到这些因素，访谈者必须意识到这些因素对他或她自身经历的影响，同时要对这些因素对受访者造成的影响也保持敏感。

种族和民族

我们的社会有着种族主义的历史，来自不同种族与民族的研究者和受访者在建立有效的访谈关系时，面临着一些困难。白人和非裔美国人的彼此访谈就特别复杂，其他混合性的种族之间或跨民族之间的访谈，也是一个大问题（要想进一步探求这个重要的问题，见：Boushel，2000；Dexter，1970；Dollard，1949；Hyman et al.，1954；Labov，1972；phoenix，1994；Reese，Danielson，Shoenaker Chang，& Hsu，1986；Richardson et al.，1965；Song & Parker，1995）。另外，虽然有着相同的种族—民族背景，但性别、阶层和年龄的差异也会引发紧张的情绪，这种紧张状态会阻碍有效访谈关系的完全形成。

这并不是说，访谈者个体和受访者个体不能在一定程度上改变我们从事研究的社会环境。来自不同种族背景，怀有良好意愿的访谈者和受访者之间能够形成一种与当今社会流行潮流背道而驰的访谈关系。要对一些能够引起相互怀疑的问题保持足够的敏感，对别人的经历展现出欣赏、尊重和真诚的兴趣，搭建跨越种族和民族障碍的桥梁，还有很长的路要走。

这种“跨越障碍（bridging）”的努力，在方法论上来讲非常重要。虽然来自共同背景、拥有共享的理念，有利于建立和谐的访谈关系，但是访谈研究中同时要求访谈者和受访者之间保持适当的距离，以利于访谈者提出真正想要提出的问题，并且探究而不是分享自己的假设。如果非裔美国人只能访谈非裔美国人，拉丁美洲人只能访谈拉丁美洲人，美籍华人只能访谈美籍华人，美国原住民（土著）只能访谈美国原住民（土著），以及白种人只能访谈白种人的话，这将是一个非常不幸的方法论困境。

我从自身的经历中发现,当白种人访谈非裔美国人时,前述的三轮式访谈结构有利于克服受访者最初的怀疑,还可以减少跨种族访谈关系中的紧张情绪。在先后三轮的访谈中,访谈者有机会单独地向受访者表示自己的尊重、关心和兴趣,所有这些都有利于减缓怀疑。然而,我自身的经验也表明:访谈者无论采取什么样的访谈结构,无论如何保持敏感,种族政治都会使混合式的种族访谈和跨民族访谈举步维艰。

在我们进行社区学院研究时,访谈的 76 位教师和管理者中(Seidman et al. ,1983),只有一位在整个三轮系列访谈结束之前终止了访谈。那是一位男性非裔美国人,担任社区学院的管理者,在第一轮访谈结束时要求终止访谈。问他提出这一要求的原因,他说没有任何理由,只是不想继续参与。

我还清楚地记得,我和同事萨利文离开访谈现场时的那种失望情景。我们冥思苦想地寻找促使其做出这一决定的原因。我感到自己是有过错的,非常沮丧,甚至一度对访谈这种研究方法失去信心。后来,我仔细反思了访谈的每个细节,意识到我们的访谈研究涉及了当今社会依然存在的种族历史和种族政治。也许以这次访谈失败为代价,我们的访谈方法会得到很好地改善。当受访者谈及自己的生活经历,就会讲起他在生活和职业生涯中遭遇的种族主义歧视。我认为,他发现面对白人访谈者,要比他自己想象的公正得多(Anderson, Silver, & Abramson,1988;Cotter, Cohen, & Coulter,1982)。他的退出,对我们及我们的研究都是一个巨大的损失。

琳达·米勒-克莱里在她关于美国印第安人教育的研究中,也遇到了类似的复杂的情况。克莱里在明尼苏达大学的德卢斯校区培育了一些初级英语教师。她还有一大批是奥吉布雷人的学生,他们大部分将做美国的印第安人的教师。克莱里设计了一个研究项目,初衷是想了解更多的关于印第安学生的教师的经历,以便让自己的学生更好地为将来的工作做好准备。1996 年,克莱里在与我会谈时谈到,无论什么时候她想与美国印第安人教育工作者接触时,总是感到有"被怀疑之嫌"。她感到受访者对她的访谈动机和访谈目的有所怀疑。一系列访谈结束后,一位受访者直截了当地问她,"你为什么要这么做?"

由于在取得访谈联系期间和首次访谈中遇到的怀疑,克莱里意识到"人们不信任她",这使她更加沉迷于自己的研究。虽然她能在访谈过程中克服许多刚刚开始时的不信任感,收集一些有价值的材料,但她还是想"在分析资料的过程中……转换一下视角。"她做出决定,"我不能一意孤行……鸿沟太大难以逾越"(L. V. Cleary,个人沟通,1996 年 8 月 11 日)。

面对这样的难题,克莱里邀请了同事托马斯·皮科克参与了这一研究项目。托马斯·皮科克是明尼苏达大学的美国印第安人教育的名誉主席。通过与一些了解美国印第安人受访者的经历的内部复杂性的同事合作,她迈出了增强研究者、受访者和研究权威之间平等性的重要一步。他们的合作在后来出版的书——《集体智慧的结晶:美国印第安人教育》——中有所体现(Cleavy & Peacock,1997),他们在书中不但讨论了研究的课题,而且探讨了一些与此研究相关的重要方法论的问题。

性　别

有证据表明,异性的访谈者和受访者与同性的访谈者和受访者之间,得出的访谈结果有所差异(Hyman et al. ,1954)。如果访谈者和受访者不是同一性别,他们的访谈关系会受到男权主义态度和行为的深刻影响。所有关于男权主义的问题,都会在访谈中体现出来。男性访谈者在对女性受访者进行访谈时,态度会比较傲慢和专横。女性访谈者在访谈男性受访者时,有时勉强能够掌控住访谈重点。男性受访者很容易对女性访谈者的谈话失去兴趣。如果两种性别的访谈者的视角都归于意识形态层面,那么他们就很难以全面的观点来看待问题。同一性别的访谈者与受访者之间,也会产生一系列的问题。他们会因为相同的视角而形成错误的判断,从未发生的对抗意识也可能从中作祟。

男权主义除了影响访谈者和受访者的个人关系之外,还影响着研究的整体情况。访谈研究本身被定格为"软(Soft)"研究,研究结果不会产生"硬(hard)"数据,于是往往被男权主义的研究群体所忽视(Callaway,1981)。从另一个层面上讲,佩泰(Patai,1987)认为,如果访谈者把女性作为自己的研究对象,无论怎样设计研究的意愿,社会探究女性的主导范式都会得到推崇而不是遭到挑战。

由于亲密感的产生,深度访谈中也会产生性别利用的可能性。受访者讲述着生活的细节,访谈者认真地倾听。随着访谈者和受访者对受访者经历的深入探讨,二者之间自然而然就会产生喜欢和尊敬的感觉。显然非常重要的是,访谈者切忌利用性别的关系。

在一项研究中,一位研究助手告诉我,她是如何在访谈结束后被其中一位受访者深深吸引的。她想谈谈她的感受,以及他们在谈话过程中的一些暗语。她明白,任何访谈结构以外的联系,都会扭曲这仅有的访谈关系。她很担心即使他们在访谈以外没有任何接触,她的好感也会影响她的提问方式(另一个关于亲密访谈关系影响访谈者提问方式的案例,见:Hyman et al.,1954,p.54)。我认可她的这种感受是合乎情理的,但同时也强调了以访谈目的为主的重要性,这对她也许会有帮助。

异性的访谈者和受访者,有可能改变这种男权主义社会中存在的传统性别角色定位。两种性别的访谈者可以共同研究他们做过的访谈转录材料,重新调整、反思他们如何利用男权主义理念建立的访谈关系。他们也可以通过书写日志或与同龄人一起反思访谈经历,来检测他们之间的关系。最重要的是,访谈者和受访者可以在访谈关系中表明对性别歧视的担心以及对性别平等的关心(要进一步了解性别和访谈的讨论,见1994年约在第5章的讨论。更详尽更广泛的讨论见:Devault,1990;Edwards,1990;Herod,1993;Riessman,1987;Rossen,

1992;Williams & Heikes,1993)。

社会阶层、等级制度和社会地位

当访谈者和受访者透过社会阶层的透镜来彼此审视对方的时候,他们共同分享的故事和经验就会被扭曲(Hyman et al. , 1954)。缺少阶层意识,对访谈者和受访者也是不利的(Sennett & Cobb,1972)。

在马克思主义的阶级理论分析框架中,佩泰将访谈者描述为资本家和劳动者的混血儿,他把受访者的话语视为可以剥削的商品。如果把阶级理解为社会地位、教育和财富的象征,访谈者往往是接受过大学教育的中产阶级,在某种程度上,受访者往往是那些社会地位低于自己的人(对这种观点持反对意见(Dexter,1970))。

我们在对社区学院教师进行研究中,我开始意识到她们对高等教育图腾的膜拜。在大学这个大环境中,教育学院的教师地位很低。然而,由于我与一些社区学院教师受访者所认同的象牙塔有所联系,她们对我有着种种莫名的怀疑。也由于我与大学的联系,他们又对我无条件地顺从。这些与他们对自己所在社区学院的描述形成了鲜明的对比。

甚至访谈法本身的应用,也会受到阶级假设观念的影响。例如,理查德森等(Richardson et al. ,1965)谈到:

> 在等级制度森严的社会组织中,智力和社会经济地位低下的受访者发现自身难以忍受回答一些开放式问题。因为他们不习惯自觉地、清晰地、连续地讲述问题,或者他们在这种无组织的情景下感到不适。(p. 149)

而我的经历有所不同,无论哪种阶级背景的受访者,只要将他们的工作置于他们的生活史的环境中,给他们足够的空间讲述自己的经历,他们都能够回答一些开放式问题。另一种情况是,当阶级、性别或种族歧视等因素在访谈关系中作祟时,受访者就很可能张不开嘴,回答问题时有所顾忌(Labov,1972;

Patan,1989)。

一些访谈者对社会各个阶级的情况都了解得比较清楚。假定受访者的经历是自己的生活经历,这样访谈者就很容易与处于社会高阶层和低阶层的受访者打成一片。而另一些访谈者,他们只有在访谈那些社会阶级经历与自身相似的受访者时,才会感到舒适自如。他们不愿意对一些跟他们没有相似经历或没有同一阶级地位的人进行访谈。有时这种不情愿可能导致访谈过程的歪曲,而且研究的经历范畴也会比正常的研究范围小。

语言差异

以上所述的许多社会关系中存在的问题,都是由访谈者和受访者之间的语言差异造成的。以英语为母语的研究者会访谈一些非英语母语的人群。如果访谈者可以与被受访者用其母语自如地交谈,以后在整理材料时就会遇到翻译的种种麻烦。在英语或其他语言中要找出一个完全表达受访者意愿的词语很难,需要投入很多的劳动、足够的细心(Vygotsky,1987)。

和我一起工作的一些博士生,可以很自如地使用受访者的母语。他们用英语进行访谈,随着与受访者之间关系的拉近,有可能在英语和受访者的母语之间来回切换。做访谈报告时,尤其是一些重要内容,研究者有时需要以受访者的母语的形式和思维来报告,以表示对受访者的母语的尊重。接着对用母语讲述的部分进行翻译。

访谈过程中,如果访谈者和受访者都没有使用自己的第一语言,二者的谈话以第三种语言进行,这样就会影响访谈的进程。因为二者的思维都会受到第三语言的干扰。(Vygotsky,1987)。对于涉及访谈的大部分问题,都没有一个完全与当时情境吻合的解决方法,除非意识到语言和文化对思维的重要性。意识到这一点,访谈者和受访者就可以选择一种彼此都能完全交流真实想法的谈话方式(关于这一问题的深入阅读,见:Goldstein,1995)。

年　龄

除了种族、性别和社会阶层外,访谈者和受访者的年龄差距也会成为二者之间建立的访谈关系类型的影响因素。年轻的访谈者访谈年长的受访者时,一些年长的受访者会感到不适,尤其是他们感到年轻人将自己置于一个从属的地位(Briggs,1986)。访谈年长的或年轻的受访者时,访谈者应该保持适度的敏感性。访谈者必须了解与孩子或老人接触的方法。社会阶层、种族、语言和年龄差异等因素混合在一起时,访谈者得出歪曲性回答的风险越高,尤其是访谈学龄儿童这类群体时更是如此(Brenner et al. ,1985)。但是访谈时通过采取一些访谈技巧,考虑到社会阶层、种族、年龄等差异,孩子们就会深入思考其在校内外的表现,提供有教育价值和说服力的信息(Labov,1972)(有效地访谈年轻人的案例,见:Cleary,1990,1991)。

精英人士

在访谈者和受访者之间的不平衡关系中,最难协调的一个问题是研究者对掌权人士所进行的深度访谈。莎莉・莉娜・康克莱特(Conkright,1997),描述了用本书中提及的方法对 11 位首席执行官或者说美国 11 家大公司的下届掌权人物的访谈。她在很大程度上克服了那些预料中的接触、联系难题。她也遇到了一些实施访谈方案的棘手问题。提前同意抽出 90 分钟时间来接受访谈的执行官们,日程安排得都很紧凑。当她去进行访谈时,这些执行官们往往只留给她少于预定的时间。

她从另一个不同层面指出,精英人士们往往习惯于主导整个访谈过程。许多受访者都在竭尽全力地控制访谈局面。有时候,当康克莱特想要引导访谈的方向时,她发现受访者们有些感到不适。"在一些情境下,"她写到,"他们自然流露出一些无声的语言信号。另一些情境下,他们直接表达自己想要主导访谈的整个过程"(pp. 274-275)。她不得不在自己感兴趣的问题与那些可能终止访谈的危险问题之间,小心翼翼地"走钢丝"。

尽管面对错综复杂的情况,她还是坚守自己的研究,而且从中了解到了许多关于研究课题以及适用于精英人士的访谈方法。我认为,虽然深度访谈适应于了解那些无权和社会低级阶层的受访者生活经历的细节问题,但深入了解精英人士的努力尝试,也是非常重要的和颇为值得的(关于这一问题的深入阅读,见 Dexter,1970;Heitz & Imber,1995)。

区分隐私、个人经历和公众经历

访谈关系同时还受到访谈者和受访者双方认定的、可探讨的适宜话题的影响。为了确定合适的话题,访谈者会发现,区分公众经历、个人经历和受访者私人生活的各个方面,是非常重要的(Shils,1959)。例如,公众经历即受访者在工作中、求学期间、会议上、办公室里所做的各种事情,这些都可以作为别人调研的主题。访谈者探讨受访者的这些公众经历时,就会感到特别的舒适。

受访者的隐私则涉及某些亲密行为,如受访者因担心被伤害而不愿意与外人谈论的各种人际关系。每个受访者和访谈者对公众经历、个人经历和隐私的区分界限,会有所差别。在一次访谈中,我让受访者谈一下她前面简单提及的订婚经历,她直接对我说,"这不关你的事吧!"

受访者也有一些个人经历,介于公众经历和个人隐私之间。个人生活至少可以分为两种基本类型。第一种类型是受访者参与公众事件的主要经历。访谈者如果探讨个人生活的这一方面,就会感觉舒适一些。的确,这就是访谈法作为研究方法的主要功能之一。第二种类型即一些不属于受访者公众生活的经历,而是一些远离工作地点或学校,发生在受访者与朋友或家庭成员之间的事情。

访谈新手在探讨这类经历时,就可能会感到不适。他们往往提出一些研究主题边缘的问题。然而,个人经历和公众经历之间的界限,往往很难区分。个人生活中发生的事情,常常会影响到公众生活或公众生活的氛围。如果在访谈研究中有技巧地探讨这部分生活经历的话,将对研究非常有用。“我可以问……?”虽然不是明确的正式提问,但言外之意是准备提问。这种方法,常常被我作为开启棘手或敏感话题讨论的前奏。

有时候,访谈者对诸如死亡、疾病之类话题的讨论,感到难以开口,因为他们自己也会感到非常不适,他们认为受访者也和他们会有着同样的感受(见:Young & Lee,1996,探讨访谈者在访谈过程中的情感交流。见:Hyman et al.,1954;Rowan,1981)。然而,如果是受访者自己提到诸如此类的话题时,那是他们自己认为这与讲述话题有所相关。忽略这些或对受访者认为的相关的话题不去探讨的话,就会给受访者这样的感觉:那些他们自己认为重要的东西,对访谈者来说或许没有价值。我的经验是,如果受访者冒险提到某一私人话题时,接受并探讨这种个人经历与研究主题之间的关系。

避免建立治疗性(或矫正性)关系

同时,访谈者必须避免将访谈关系转化为治疗性或矫正性关系。我在本书中已对此进行了很多讨论,这类情况出现在开放性访谈之中,访谈过程相对缺乏引导性,探讨方式则趋向于心理疗法。研究中的访谈者,请不要把自己看成是心理治疗专家。访谈者与心理治疗专家二者的目的,是完全不同的(de Laine,2000,pp. 116-118;Kahn & Cannell,1960;Kvale,1996,pp. 155-157;Weiss,1994,pp. 134-136)。研究者进入访谈是为了探究,而不是为了治疗受访者。受访者也不是要探访研究者,他们更不是病人。研究者与受访者相互会面三轮后,他们之间的关系实际上就结束了。他们的访谈关系不再延伸,研究者也不用继续承担责任。研究者不可能接受过心理治疗专家方面的培训。他们应该了解自己的限度以及访谈结构、访谈目标的局限性。研究者在接近受访者隐私生活和个人经历时,要非常谨慎。否则,受访者就不会积极配合。同时,他们也没有义务这样去做。

有时候,如果访谈者过于谨慎,两者之间有可能进入深度访谈的关系就会受到限制。受访者可能会发现访谈过程中的情绪困扰(Griffin,1989)。受访者可能会在访谈中大声痛哭。访谈者因为受访者的泪水而变得沮丧,不知所措(关于访谈中多听、少说的重要性,见:Brannen,1988,pp. 559-560)。在不造成打扰和不承担不当责任的同时,让受访者说出自己的悲痛。另一方面,如果这种悲伤情绪继续扩张的话,访谈者有责任退出引起悲伤的谈话(关于访谈者对受访者的义务指南,见:Bernard,1994,p. 220;Smith,1992,p. 102;Weiss,1994,pp. 127-131)。

我认为,成功地解决潜在困难问题的关键是,估价访谈者在访谈过程中能够承担的有效责任。一次访谈中,一位受访者不断地提到一名同事的精神崩溃。虽然我对这个话题非常感兴趣,但我没有让其继续下去,因为这位受访者的不断重复使我感到很烦恼。我们的第三轮访谈已经接近尾声了,下周也没有重返受访者校园的打算。由受访者悲痛情绪引起的话题,我不会继续探讨下去。我观察的界限在于,继续探讨下去我所能承担的有效责任。

互　惠

访谈关系中的互惠问题,相对比较麻烦。访谈关系受种族、民族、阶级和性别等因素的影响越大,访谈双方的互惠问题就越复杂。佩泰(Patai,1987)有一项关于巴西妇女的研究,这些受访者大部分穷困潦倒,并为她的研究中所称的不平等地位所困扰。佩泰依据她的研究发现,写成了一本书(Patai,1988),她还从自己收集的资料中受益匪浅。另一方面,她感到受访者们在与她的合作中，收获则显得微不足道。罗恩（Rowan，1981）认为，访谈缺少互惠，会导致研究中的关系的疏远。他认为这是一种疏远，因为研究者将受访者与他们的话语剥离，然后用这些话语为自己的研究结果服务。

对我来说，这也是访谈中最棘手的问题之一。我赞同这样的观点：与受访者相比，研究者在访谈过程中获益较多。然而，我知道，其他研究者也写过关于访谈者用在访谈中的聆听方式（Patai，1987；Yow，1994）。认真地对待每一位受访者，重视他们的谈话，尊重他们的生活细节。我所推崇的访谈过程中的互惠，即要对受访者的经历感兴趣，要关注他们的谈话，在将他们的谈话公之于众时，要忠实于他们的话语。虽然每次访谈结束时，我都要赠给受访者一份小礼物，但那礼物仅仅表示了我的感激之意。我用小礼物表示我的感谢，以此来使我们的访谈关系告一段落（相关的更全面的讨论，见：Marshall & Rossman，1989；Yow，1994）。

平　等

访谈者和受访者永远也不会平等。我们可以尽力减弱这种等级观念，但受访者和访谈者往往想从访谈中得到的东西是完全不同的。尽管目的各异，研究者们仍可以在访谈过程中力求做到平等。我认为，平等是指方法和目的之间的平衡，追求和给予之间的平衡，过程和结果之间的平衡，以及充斥在受访者和访谈者关系当中的公平感和正义感。

访谈关系中平等性的确立，始于访谈者与受访者的首次接触。平等，意味着访谈者走出自己的生活，获知受访者那些不为常人所知的故事。平等，意味着访谈者不必为不能公开的内容做出承诺，而要对公开的内容确切地表达自己的承诺。平等，意味着研究目的和研究过程的明确性。有明确的书面同意书来支持平等，这种形式合理地规定了访谈者和受访者所有权利和承担义务的细节。平等,也包括访谈的时间和地点安排。访谈者会问及受访者许多问题。访谈者确定访谈时间和地点的原则是,便于受访者的同时,对访谈者也要合理,这样就保证了访谈过程的平等性。平等,也涉及访谈的技巧。如果访谈者目的性很强,不断强化他或她与受访者讲述内容相关的自己的经历时——与受访者的个人经历相比,访谈者更关注与此相关的个人观点——这对深度访谈的目的来说,是不公平的。如第8章所说,在访谈研究中,保持平等意味着尊重受访者的谈话,因为这些谈话与受访者的价值观紧密相关。在访谈研究中,保持平等意味着要运用尊重受访者尊严的研究方式方法。

指望研究者们解决访谈关系中产生的所有社会不平等问题,是不可能的,但他们有责任意识到这些问题的存在。然而,有些人会反驳说,没有遇到这些不平等问题的社会科学研究对解决这些问题会有所帮助(见 Fay,1987,批判性研究的回顾),但我个人认为,尽管在不平等的社会中开展平等研究相当困难,平等仍必须作为每个深度访谈研究者的目标。争取平等不仅仅是一种道德使命,更是一种方法论。平等的访谈进程,是取得受访者信任的必要基础。只有这样,受访者才愿意与访谈者一起分享他们的人生经历。

访谈过程每一步的设计和执行,都要坚持平等的理念。每个人在访谈研究中都是平等的,但访谈中的平等,受到诸如种族主义、阶级差异、男权主义等来自个人访谈关系内、外部因素的影响。我近几年所进行访谈研究的结果发现,访谈关系中的平等,甚至访谈的质量都会受到社会不平等的影响,有时也会受到社会不平等的严重限制。同时,致力于平等研究的研究者们,能够找到一种意识到不平等问题存在的方法,以及他们在其中所扮演的角色。他们能够设计一些试图克服这些社会局限的方法。在访谈过程中,他们也会告知访谈者一些提高平等性的谈话方式。

第8章 分析、解释以及分享访谈材料

建立在深度访谈基础上的研究，是一种劳动密集型的研究。没有什么可以替代访谈过程，以及分析、处理涉及25名受访者将近100万字的访谈材料（每三轮访谈会产生150页双倍行距的访谈材料）。设计这种研究时，应该为访谈材料的处理以及访谈的每一步留足充裕的时间，如界定研究概念，书写研究计划书，建立沟通渠道，进行联系，筛选受访者，进而开展实际的访谈。

管理数据

为了分析、整理访谈所获材料，研究者首先需要组织访谈材料以使其便于处理。通过受访者信息表，与受访者保持联系。确保复制受访者信息表，并归档存放在安全的地方，准确地标记访谈磁带，管理、分析、整理访谈材料中的大量文件，跟上整个访谈过程中需要注意的细节的关键点，注意材料的安全性，形成一个保持材料易于获取、便于处理的系统。做这些管理工作，一个目的是在研究的各个阶段，保证访谈数据能追溯到原始的访谈磁带信息。另一个目的是，能与受访者随时取得联系。如果受访者的材料是研究者最想得到的，那么这个受访者书面信息表的一个细微误差，都会导致研究者承担额外的工作,遭遇不必要的焦虑。

我所见过的关于质性研究文件管理的最好的描述,是罗兰德的相关著述(Lofland,1971)。虽然没有一种精确的方法用来组织研究过程和研究材料,但在研究开始和研究的每个阶段,研究者们都应当注意将访谈材料整理、标注、归档,并形成证据材料,借此节省大量的时间,避免以后遇到麻烦。

将访谈和分析分开:访谈间隔中应当做什么

要将材料、数据的收集过程和分析过程分开,确实很难。在实际进行访谈之前,研究者们或许已基于他或她自己的阅读和研究准备,预先假设了研究结果。访谈一旦开始,研究者们就情不自禁地分析、整理所获得的材料。访谈过程中,研究者们不断加工、处理受访者的讲述以便整个访谈工作的继续进行。然后,研究者们在心里回想、总结每轮访谈,并预测下一轮访谈的情况。如果访谈者是研究队伍的一员,那么整个研究小组可能聚集在一起讨论访谈所得。

有些研究者极力主张将两个阶段合二为一,有利于二者之间互通有无(见:Lincdn & Guba,1985;Maxwell,1996;Huberman,1984)。他们认为,应该让访谈者开展一些访谈,进行研究分析,进而根据研究发现提出新的问题框架,开展更深一轮的访谈。

将信息收集和数据分析绝对地分开不太可能,我自己的方法是,访谈期间尽量避免对访谈数据做深度分析,直到全部访谈完全结束后再处理。即使有时候我也会在访谈的初步阶段确定一些可能出现的突出问题,但我会尽力避免将对一个受访者的访谈情况,强加于下一个受访者身上。因此,我首先完成所有的访谈,然后分析所有的访谈材料。这样,我就可以尽量将基于其他访谈者的思考强加于某个访谈过程的影响最小化。

我并不是建议访谈者为了不影响下一轮访谈,而避免考虑他们的所见所闻。事实上,在整个访谈的过程当中,我脑子里不断地想着他们,考虑着下一轮访谈。其他人或许希望访谈更明确一些。例如,和我一起工作的一个博士生说:

> 听完录音,整理出访谈记录后,我把希望在下次访谈中提到的问题列了一个单子……在下个访谈阶段前听完所有的录音,这些材料对我来说很新鲜。我能够重新确定信息的类型,记下下轮访谈阶段可以引导我的问题(L. Mestre,个人交流,1996 年 5 月 7 日)。

对访谈进行录音

深度访谈应当进行录音,对于这一点我是毫无疑问的。但是,一些文献中提出了关于这一话题的不同观点(Bogdan & Taylor,1975;Briggs,1986;Hyman et al.,1954;Lincoln & Cuba,1985;Patton,1989;Weiss,1994)。我坚信,为了确保受访者讲述的可靠性,研究者们必须将这些口头语言转换为书面语言后再进行研究。而形成访谈文本的基本方法是,对访谈进行录音,进而将录音转录出来。受访者讲述的每个语词,都可能反映他或她的认识(Vygotsky,1987)。受访者的思想通过语言体现出来。用研究者对受访者语言的解释或总结,来替代他们的实际语言,就是用研究者的思想代替了受访者的思想。虽然,研究者的思想不可避免要在访谈信息的解释中扮演主要角色,但是它一定要与受访者的录音尽可能全面和准确地吻合。

录音还有其他的作用。研究者通过保留受访者的录音可以获得原始证据。如果在转录的过程中有不清晰的地方,研究者们可以通过回到原始材料来验证其准确性。将来如果有人指控他们乱用访谈材料,他们就可以回到原始资料,证明自己对材料是负责的。另外,访谈者还可以利用这些录音,研究自己的访谈技巧,进而使之得到提高。访谈录音,也能使受访者受益。受访者得到自己讲述录音的承诺会给他们增加更多的自信,感到他们的谈话被负责任地对待了。

录音机看起来有可能抑制受访者的讲述,但我的经验是,他们很快就会忘掉这个工具。有些访谈者担心录音机会影响受访者的反应,他们就使用最小的很难被发现的那种袖珍型录音设备。为了这样做,有些研究者不惜牺牲录音的质量。我使用的录音机与话筒是分开的,因为我发现一些内置麦克风的录音机会使声音变得模糊,给转录带来很大的麻烦。在开始实际的访谈之前,我也会测试一下录音机的录音性能,看看怎样才能更好地录入受访者和我的声音。访谈某人四个半小时后发现,不能将录音转换为文本格式,那将会非常沮丧(见:Yow,访谈者必须考虑的技巧细节,1994,pp. 50-52)。

转录访谈录音

转录访谈录音是一项耗时长、成本高的工作。使用一个带有支架和耳机的转录设备,有利于完成这项工作任务。然而,一般情况下,要转录一份 90 分钟的录音,大体需要花费 4 ~ 6 小时的时间。如果可能的话,初步的转录工作可以使用计算机文字处理软件。当研究者以后需要对材料进行分类和重新归档时,储存在计算机里的访谈文件不但高效,而且节约工作量。如果访谈者自己转录访谈录音,将有利于访谈者更好地理解访谈所涉及的内容。但是,这样做的工作量非常大,以至于他们易于厌倦,且对访谈这种研究过程失去热情。

一些博士生问我,有没有一种方法可以替代转录访谈录音。我的回答是肯定的,但目前没有一个更好的方法。一种可能是,对一段录音听上几遍,挑选出看似重要的内容,然后进行转录。虽然这种方法可能会大大减少工作量,但我们不提倡使用这种方法。因为它将研究者自己参考的框架,过早地强加给了数据整理过程中的访谈信息。转录访谈材料时,研究者从整个材料全面着手去做,是非常重要的(Briggs,1986)。提前筛选访谈录音,这样做出的重要与否的判断,为时过早。一旦做出删除某部分录音的决定,对于研究者来说,那部分访谈将永远丢失。虽然这种的选择方法可以省时省力,但代价也未免太高了。

理想的解决办法是,雇用一个转录员。虽然这样做经济成本会很高,但整理工作一定会做得很好,是值得的。不管研究者雇用转录员,还是自己转录访谈录音,对于转录工作,都必须有一个明确的书面说明(Kvale,1996)。明确规定的书面说明,有利于提高研究过程的连贯性,鼓励研究者进行全面思考,进而有利于研究者将来与读者分享自己的决策。虽然转录录音只代表了整个访谈的一部分(Mishler,1986),但通过逐字转录,就可以尽可能全面反映访谈过程。另外,转录员也应当对所有无声语言信号做出标记,如咳嗽、大笑、叹气、停顿、外部噪音、电话铃声以及中断,这些都会体现在录音中。

要在转录录音文本的适当位置加上标点符号,访谈者和转录员必须认识到这一重要的关键点。受访者不是以分若干段落的形式进行讲述,也不会通过语音变化表示一个句子的结束。加注标点是访谈材料分析、整理过程的第一步(Kvale,1996),所以必须用心去做(有关转录录音的深入讨论,见 Alldred & Gillies,2002,pp. 159-161;Mishler,1991)。

一份详尽、细致的转录资料,是访谈过程中的有声语言和无声语言信息的再创造,这对研究者非常有益,他会在访谈结束几个月内研究这些整理出来的访谈资料。需要注意的是,整理访谈录音时一定要做到仔细和准确。一位访谈者正在研究一所大学中通信专业的情况。下面即是她询问受访者关于大学教育成本的访谈录音:

访谈者:哦,那种经历对你来说意义何在?

受访者:是我花这么多钱的状况还是我父母反对的情形?

访谈者:两者都谈谈吧!

受访者:嗯,让我吃惊的是我花了这么多钱,因为我现在很穷。我不能相信我自己花了这么多钱,我的意思是回想一下【轻微停顿】夏天和秋天,【轻微停顿】我就知道我的钱花到哪里去了。我的意思是,我经常去开普酒吧,每天晚上要花掉50或60美元,你知道,每个星期要去3~4次。我在镇上实习的时候,总是开车、停车,哼"谁关心呢?"我做女侍应生,一周倒三次班,所以我口袋里总是有钱。所以那就是我为什么总有钱。我从来也不在乎钱,也不会为将来攒钱或者说根本没有想到为我的父母付账单,像他们为我付账单那样。我没有意识到他们【停顿】他们【轻微停顿,声音低下】会生我的气。(摘自贝克(Burke)的访谈记录,1990)

研究、简化和分析文本

如人们所知,深度访谈可以生成大量的文本性资料。一大堆文字、句子、段落和页数,会被简化为一些重要的、研究者感兴趣的文本(McCracken,1988;Miles & Hukerman,1984;Wolcott,1990)。最重要的是,要对信息进行归纳性简化,而不是演绎性简化。研究者不能用一系列假设去验证,或者将访谈资料与已经形成的与之配套的理论体系联系起来考虑(Glaser & Strauss,1967)。研究者必须以开放的态度处理转录材料,从文本中找出研究者感兴趣的重要信息。

同时,没有一个访谈者会像一块干净的白板那样进入访谈研究(Rowan,1981)。所有对于文本做出的反映,都是读者与文本之间相互作用的结果(Fish,1980;Blatt,1982)。这就是研究者为什么要找到自身在某个课题上有研究兴趣的原因,进而通过检验,确保自己的研究兴趣不会受到愤怒、成见或偏见的影响。访谈者必须做好在转录稿中让访谈本身自己"呼吸

(breathe)”和“说话(speak)”的准备。

标注出文本中有价值的信息

简化文本的第一步就是阅读,进而用括号标出那些有价值的部分。我读过的关于文本删减过程的最好论述是朱迪·马歇尔的《亲自探明含义》(Marshall,1981)。她认为她所提取的信息,源于她在阅读访谈记录中的感觉。她表示她有足够的信心,能对访谈记录中大部分有价值的信息立即做出回应。她证实了在阅读过程中做出判断的重要性。总而言之,要对访谈文本作出回应的要求,与阅读其他文本做出回应的要求并无二致——仔细地阅读,并做出判断(Mostyn,1985)。

同时,玛莎也探讨了阅读文本过程中碰到的一些难题:分析整理访谈材料时,你会对自己提取重要信息的能力失去信心,你在犹豫是否已经完成了任务,接着对自己所做的事情产生很大的怀疑。你开始担心自己掉进了自我幻想的陷阱,这正是迈尔斯和休伯曼所谓的提醒分析质性数据的研究者的祸根。马歇尔称之为焦虑,并且你必须接受它(Marshall,1981)。

研究者应当在这一研究阶段,练习自己筛选访谈录音材料的判断能力,这是非常重要的。为了简化访谈材料,访谈者需要对其进行分析、释义和解释。访谈研究者会回过头来,同受访者一起审查访谈者自己所记录的访谈材料,看看与受访者的初衷、利益、意思是否一致。虽然参与成员共同检查可能会告诉研究者一些判断,但它不能替代研究者的判断(Lightfoot,1983)。研究者的判断不但依赖于过去的常识、经验,而且依赖于对访谈材料的分析、处理以及内化。这或许就是研究者带进研究最主要的“调味品(ingredient)”(Marshall,1981)。

我虽然可以列出一些对访谈有价值的文本材料的特征,但并没有一个适应于所有文本的固定的判断模式。最基本的兴趣,蕴藏在每个研究主题和每份访谈转录稿中。访谈者必须确信自己有能力去辨认。

访谈中,个人经历和社会结构的某些特定方面一旦有所展现,我能立即做出反应。我对人与人之间以及个体内部冲突很敏感。对希望听到的讲述内容,以及是否完全讲清了这些希望听到的部分,我会有所回应。对表示开始、发展以及结束的象征性语言,我保持着警觉。对受挫和解决办法、孤独暗示,以及表述同事关系和社区关系等独特的表达方式,我比较敏感。在我们既定的生活世界里,我对阶级、种族和性别在个人生活中的表现方式,以及等级制度和权力对人们生活的影响方式比较敏感(Kanter,1977)。然而,我不会在我的访谈材料中刻意寻找这些因素。当一些段落或句子引起我注意、是我所感兴趣的问题时,我用括号将他们标注出来。

即使和研究团队一起工作,我也很少就如何标注有价值的访谈材料进行指导,只是说说而已。"阅读时,标出自己感兴趣的地方。不要在某个段落上徘徊不前。如果它引起你的注意,标注出来。相信你自己。如果你误入歧途,也不要担心。因为误入歧途也包含在研究之中。"不断重复材料筛选的过程,总会将一些材料排除在外。但是材料一旦被排除在外,就像那些没有灵魂的思想,回归到计算机文件的阴影当中,并长期保留在那里(见:Vygotsky,1987,p. 210)。尽管我对如何标注访谈材料做出了一些开放性的指导,但我经常会发现在同事们标注的内容中有大量重叠的内容。

分享访谈信息:概要和主题

研究者之所以要标注出有价值的访谈材料,目的就是要简化访谈材料,然后整理成为可以分享或发布的材料形式(Miles & Huberman,1984)。简化数据信息,是研究者们整理访谈资料的第一步,然后分析和解释数据信息(Wolcott,1994)。这也是整个研究过程中最艰难的一步,因为这明显地意味着要删除掉某些访谈材料。

我曾经使用过两种基本的方法,来分享访谈信息材料。第一,我将个人受访者的访谈概要整理出来,然后根据它们的意义进行分组归类。第二,我对个别段落做出标记并进行分类,然后根据它们与主题之间联系的紧密度进行后续研究。

草拟概要的理论基础

虽然没有唯一的分享访谈信息的正确方式,但一些研究者主张,应当尽可能多地依赖表格、图表和矩阵来表达,尽可能少地用言语表达(Miles & Huberman,1984)。我发现,草拟受访者经历的概要或花絮,是分享访谈信息数据、将访谈材料向分析和解释阶段转换的有效方式。这个想法源于斯塔兹·特克尔的《处理》(Terkel,1972)。

并非所有的访谈,都要固化地以概要的形式来展现。我的经验是,只要约三分之一以上的访谈是完整的,加上一些访谈中冲突和化解冲突的感想,足以写成包含开始、过程、结束的有头有尾的概要形式。另外一些访谈,可能要维持我所说的那种花絮状态,常常包含受访者对其经历进行的一个简单自述,只涉及到有限的几个方面。

受访者讲述话语的概要也是研究成果,我认为它与访谈过程最为吻合。它允许我们将受访者置于一个大背景之下,澄清他或她的意图,传递一种过程感和时间感,所有这些都是质性分析的主要因素(关于"质的研究是什么?"的激烈讨论,见:Dey, 1993,pp. 30-39)。我们访谈的目的,就是想通过受访者的故事来了解他们的经历。我们通过倾听和探讨受访者的讲述,获知相关情况。尽管访谈者在访谈过程中永远不会缺席,但在用受访者的话语来归纳、总结他们的讲述概要时,要反映受访者的思想。

概要是解决访谈者面临问题——访谈者常常不知该如何与他人分享他的访谈所得——的一种方法。访谈者通过访谈概要这种叙事方式,可以将她或他的访谈所得转换为讲故事(Mishler,1986)。米什勒认为,讲故事是人们发明的一种赋予其自身和周围世界以意义的重要方法。我补充一点,讲故事是一种体现访谈数据价值的有效方法。故事为受访者和访谈者双方所共有。谈话虽然出自受访者之口,但访谈者对它进行了加工处理。米什勒对访谈及访谈与叙事的关系进行了广泛讨论,其中叙事是作为一种获得理解的方式。我强烈推荐他的观点和他所建议的阅读材料(叙事在教育领域构建现实中的功能的重要讨论,见 Bruner,1996,第 6 ~ 7 章)。

他人通过阅读受访者讲述的概要获知的东西与我们访谈的受访者、我们草拟与组织的概要,以及读者读到的概要各不相同。然而我发现,草拟概要有利于发掘和体现受访者各种经历所构成的事件的连续性,有利于分享受访者话语的延续性,有利于将个人经历与他或她生存的社会背景或组织背景联系起来。

如果研究者认为,他的访谈材料可以支撑起一份概要,而且这种概要可以将受访者引入研究,为研究者正在研究的复杂性问题提供好视角,并引人注目且令人信服,那么草拟概要的行动就能实现分享访谈材料的价值(见:Locke, Silverman, & Spirduso,2004,pp. 219-220)。草拟讲述概要,还可以为研究报告增添艺术气息,这样访谈者和读者的工作就会丰富多彩,愉悦无比,有时还可以深入到精神的层面(Garman,1994)。

草拟讲述概要的步骤

草拟概要,是一个连续的过程。一旦你阅读了访谈记录,被标注的有价值的段落以及那些有标签的段落,那么就应制作两份带有标注记录和标签记录的访谈记录副本(贴标签过程,将在后面的章节讨论)。使用文字处理软件,一种专门的质性分析软件将能把电脑文件归档分类,或者用一把剪刀,剪掉一份复制件上的标记段落归档成册,这些文档要与你为每段设计的标签相匹配。研究的第二阶段将会用到这些摘录,它将成为共享资料的一部分。不要破坏原始的访谈记录,因为研究的整个阶段都会参考原始记录,研究者可能会把摘录还原到原始文本的上、下文背景之下进行研究。

从访谈记录的另一份复制件中筛选出所有有标注的重要段落，单独整理成册。你的最终文本的长度，也许是原始访谈记录的三分之一到二分之一之间。

下一步就是阅读新的访谈材料版本，这一次要严格审视其中的内容。这时候，筛掉某些访谈材料就非常困难了。阅读时，不断问自己，哪些话最有价值，最令人注目，不应该删除。在下面划线做出标记，然后在此基础上拟写故事。

草拟概要的一个关键点，就是要用受访者自己的语言表述。尽量不要采用第三人称的转述语气，要使用第一人称，采用受访者语气，这一点尤为重要。为了证明你自己在这一点上的情形，在你的预研性访谈中花大约 30 秒时间进行尝试。首先，逐字记录。其次，采用受访者的第一人称语气进行一个短小的陈述。接着，使用你的语气，用第三者的语气来描述受访者。显然，使用第三人称语气，可能会拉开读者与受访者的距离。与访谈者挑选引人注目的材料、使用第一人称叙述的形式相比，用第三人称叙述就有点强迫的味道在里面，易致访谈者闯入叙述。科菲勒（Kvale，1996，p. 227）指出，这样做，研究者也就夺取了受访者经历的所有权并为己所用。使用第一人称，则有利于防止研究者掉入这样的陷阱。

草拟概要时，要忠实于受访者的原话，对于其他人的谈话，要在陈述中明确注明。有时候，在段落之间转折时，你可能想加入一些自己的话语。此外，你可能想要澄清一些话语。研究者们可以在插入非访谈本身相关的话语时，加入一些让读者了解的注释。我常用括号来表明注释。要删除一些材料、跳过某些段落或页码时，我用椭圆符号表示。此外，我在概要中会删除一些明显有口语特征的话语，即访谈者在书面语言中不会用到的话语。例如，反复的“嗯”、“哈”、“你知道”，以及其他受访者在书面语言中不会使用的一些表述手法。

有些人认为研究者用书面形式表述受访者的话语时，不应当有所变化。然而，我认为除非研究者打算对受访者的语言进行语义分析，或访谈主题本身就是关于受访者语言生成的研究外,不一定绝对刻板地复制。对于口语语言的写实主义诉求,研究者有责任进行权衡,即研究者用书面语言表达受访者的讲述时,有维护受访者尊严的义务(对这一问题的深入讨论,见:Blauner,1987;Devault,1990,pp. 106-107;Weiss,1994,pp. 192-197)。

一般情况下,我尽量按照访谈的进程来草拟、组织概要材料。如果脱离原先的上下文背景,将访谈材料移位就可能会改变讲述的初衷。然而,举个例子来说,如果第三轮访谈记录是以第二轮访谈的某部分陈述为基础的,在不脱离上下文背景、不扭曲原意的前提下,我可能会将材料做适当的移位。做出这类决定的时候,我总会不断地问自己:对整个访谈而言,这样做是否合理?

草拟访谈概要时,如果书面知情同意书中填写了受访者的个人资料,那么保护他们的身份信息,是需要注意的重要考虑之一。不经心的读者如果碰巧读到了访谈记录,即使使用姓名的首写字母也可能会暴露受访者的身份。在草拟访谈概要时,要使用化名或假名,这样对受访者来说要相对公平一些。但这也不是一个容易或机械选择的过程。挑选化名时,还要考虑到受访者的民族、年龄以及生活背景。宁愿少说而犯点错误,也不要夸大其词。如果受访者的身份在大范围被暴露,给本人造成不良影响时,那么要进一步采取措施来取消化名。例如,变更受访者的地理位置,改变其工作性质(物理老师可变为科学老师)或者变化个人身份的其他提示信息。访谈者需要掩饰的程度,与受访者一旦被发现的而造成的伤害有直接关系。一定记住,这种掩饰不能歪曲受访者在访谈中的讲述(关于掩饰受访者身份问题的深入探讨,见 Lee,1993,pp. 185-187)。

研究者也要格外警惕,叙事本身是否使受访者的身份易于暴露。例如,伍兹(Woods,1990)不得不极为谨慎,如果她的受访者身份一旦暴露,他们就很有可能被从教学岗位上解聘。最后,始终要考虑到受访者的尊严。受访者们是自愿接受访谈,而不接受用自己的语言来进行自我诋毁或自我控告。访谈过程和访谈结果的功能之一是,应当体现出受访者自己的感受和价值。

作为一种了解访谈内容的方式的访谈概要

本书的附件中,我给出了两个访谈概要的例子。第一个是由图恩·弗德里奇(Fuderich,1995)草拟的访谈概要的修订版。图恩·弗德里奇的博士论文是关于柬埔寨红色高棉统治时期的幸存儿童的研究。她走访了 17 位逃到美国,开始一种新生活的难民。这个概要描述了一位叫南达的当事人,访谈时她28岁,在美国一家人力资源服务机构做兼职工作。在这篇概要的注释中,弗德里奇为了使资料清晰明了,她删除了南达在讲述中的一些犹豫不决和交叉重复的话语,也删掉了南达讲话中的一些习惯用语,使讲述听起来更加符合语法联系。同时,保持"对讲述内容的尊重,以及受访者讲述中试图表达的意思"(Fuderich,1995)。

是否选取南达这个例子,我犹豫了很久。我担心给读者造成这样的误解:只有戏剧性、牵动人心的材料给人留下深刻印象,引人思考时(弗德里奇关于南达的例子),深度访谈才能算是成功的。我认为潜在研究者,尤其是博士生,相比之下,如研究领域是平凡的、现实的问题,就会犹豫是否要运用这种研究方法。

正如南达的访谈概要所示,深度访谈能引起人们对那段具有历史意义和纪念意义的经历的思考。我不但想展现深度访谈的这种功能,而且想分享弗德里奇的工作成果,这些对我来说都很有意义。然而,深度访谈研究,或许更能重建和发掘日常生活中有价值的经历。

因此,第二个被列入附件的例子是马格里特·希恩(Sheehan,1989)草拟的访谈概要的修订版(其他关于概要的例子,见 Seidmans,1985)。这个概要,源于希恩开展的对长期从事保育工作者的初步研究(有关她的访谈结构描述,见第 3 章)。

这一访谈概要的当事人是一位名叫贝蒂的家庭保育员。

她每天在家中照顾六个孩子。绝大多数孩子是“受政府保护”的,即他们的日常护理费用由政府支付。政府要求他们的父母必须照顾孩子,因为这些孩子有可能被虐待或遗弃。

希恩在关于深度访谈和质性研究的研讨会上,陈述了这个概要。在最后的评论中,她写到:

> 贝蒂还有许多话要说,但我觉得不适合写在这份报告里。贝蒂谈到,她的女儿和丈夫在工作上给予她很大的帮助,他们也很喜欢孩子,跟她一起投入到家庭日常保育工作之中。她还谈到了许多与每个孩子和其家庭有关的故事。贝蒂如何把孩子和家长呆在一起的时间分开、在身处其中的时候又如何不得不放手的权衡,这一点给我留下了深刻的印象。贝蒂常常会因怕说错话而感到紧张和担忧。她告诉我,这是第一次有人向她询问她的工作的意义。(Sheehan,1998)

有关贝蒂的访谈概要,运用她自己的语言陈述了一个很重要的故事。这也许不是生死攸关的事情,但它引人注目。我认为这个故事反映了日常的保育工作者一些不为人知的秘密。

随着弗德里奇和希恩研究的不断深入,他们访谈了更多的受访者。如果他们愿意这么做,他们就可以围绕既定的话题,草拟、呈现一系列的访谈概要。除了概要本身有很强的说服力之外,研究者也可以探讨和评论这类个体性概要中存在的突出问题,指出概要之间的相互联系。例如,在贝蒂的例子中出现了这些问题:人们如何展开日常保育工作,他们为此所做的准备,他们被给予的支持,工作的社会地位低下所产生的影响,性别方面的特征,与父母一起工作时相当多的未谈及的话题,孩子受虐、取名等等。在对南达的访谈中,出现了历史的创伤,沦落为难民,学习第二外语——英语,文化差异引起的“文化冲击”等复杂的问题。

每位研究者都应当能通过阅读这类概要,与样本中其他个体的经历进行比较,给出自己的评论。贝蒂运用自己的话语讲述日常工作中的故事，希恩为读者展示了日常的保育从业人员的经历，提供一个了解这项工作的平台。通过陈述南达的故事，弗德里奇让读者开始了解和见证了一些柬埔寨红色高棉统治时期的幸存儿童的生活情况，这也是她博士论文的研究课题。

确立并分析材料与主题之间的联系

与草拟概要相比，一个更为传统的呈现和分析访谈信息数据的方法是，从记录中摘录、组织相关内容，并进行归类。接着，研究者在这些类别中寻找各个摘录的连接点和连接线索，各个不同类别摘录之间的联系，我们可以称之为主题。在展现单个摘录的同时，作为材料分析工作的环节之一，研究者可以从开展访谈的主题出发，对摘录进行陈述和评价。

在阅读、整理、标注访谈记录的过程中，研究者可以为自己感兴趣的段落贴上标签。读完且标注了 2 ~ 3 个受访者的访谈记录时，研究者可以暂停下来考虑一下是否可以贴上这些标签。标注段落的主题是什么？用几个单词或一个短语就可以描述，至少是试验性地描述吗？是否可以在一段话中找出一个单词来标示适于这一段落的类别？在希恩的访谈记录中，附件中有一些诸如“保育员的背景”、“支持团队”、“对家庭的影响”、“虐待”及“家长”的标签。

我们把做标注、贴标签，进而合理归类的过程称为“分类（classifying）”，或者在一些文献中称此为数据“编码（coding）”（可用于质性研究的“编码”，见 Dey，1993，p. 58）。电脑程序有助于访谈信息的归类、整理、归档和重新组合。将搜寻条件输入电脑，程序就可以快速扫描大量的信息，再根据指令将所需资料进行整理分类。

对于那些选择使用专用分析软件或文字处理软件的人来说，在电脑屏幕上进行编码和编辑时要特别小心。我建议先在纸质文本上完成标注，再把其他工作交由电脑完成。我的经验是,看同一篇写在纸上和显示在电脑屏幕上的文章时,不同的人会有很大的区别,而且对其做出的反应也不尽相同。例如,对我来说,在电脑屏幕上编辑是很不明智的做法,因为我常常漏掉那些会跃然纸上的问题。我不提倡在电脑屏幕上阅读访谈文本,并进行归类的做法。电脑屏幕作为媒介或纸质作为媒介,会影响提取信息的效果(对这一过程有影响的早期评述,见 Mcluhan,1965)。

在阅读、做标注和贴标签的过程中,所贴的标签都是暂时性的。早早地将材料定格在某个类别当中,结果就被固定死了。一些类别也可能需要重新进行分类。这就是说,随着研究者阅读和标注的深入,以及其他段落的出现,原先属于不同分类的段落可能会属于同一类别。另一方面,一些在早期看来很有价值的类别,后期可能会失去价值。新的类别将会出现。其他的一些段落直到研究结束,也可能都处于无类别状态①(对编码过程的精彩论述,见 Charmaz,1983;Davis,1984)。

除了给归类的有标注的段落贴标签以外,研究者也应该给

---

① 访谈研究中显现的话题数量,与论文的组织结构有所关联。尽管论文的格式要遵循论文指导委员会的评审规则,但我有理由认为,即便是访谈研究的语言丰富,却也很难形成传统意义上的五章式的论文。五章式的论文格式,本身是随着量化研究的发展而来的。在五章式结构中,第一章介绍研究的问题和意义。第二章完成相关研究文献的综述。第三章简要介绍研究中所采用的研究方法。第四章报告研究结果或独有发现,量化研究中的研究结果往往体现为数字的形式。第五章进行对研究结果的讨论。

在一项访谈研究中,研究者会将从访谈记录中得到的主题,作为研究结果或发现的重点。研究者不是用一章来报告所有的研究结果,而是分别在每章中,以受访者自己的语言呈现每个主要的议题(相关的例子,见 Cook,2004)。另一种方式是,也可以在一章中报告 2 ~3 个相关的主要议题,还可以用一些访谈概要来阐释这些主题。所以,访谈研究的论文,也许会用 2 章或 3 章的格式代替传统研究论文中的 4 章格式及内容。在结论章节中,研究者对其研究结果进行说明和讨论,对其研究所得的感想和访谈意义进行反思和回顾。

每个段落加注一个注释系统,用于注释、说明它的原始记录出处(Dey,1993 年指出:许多专用的电脑分析软件将能自动形成注释)。例如,我用受访者姓名的首字母表示受访者,用罗马数字表示三轮访谈的顺序,用阿拉伯数字表示访谈记录的页码。后来,整理访谈材料中考虑到摘录原文的上下文背景时,研究者可能要验证一下文本的准确性,用全文代替摘录,甚至有可能回到访谈录音本身。给每个摘录贴上标签,有利于这个审校、复核过程的实现。

归类的下一步,即运用电脑在指定的分类名称下,或在文件夹下对这些摘录进行归档。某些摘录可能不只适用于一个文件。那么将这些摘录复印下来,分别放在适用的文件夹中。

整理完所有的标注摘录,需要逐个地重新阅读文件。开始筛选那些现在看起来非常有价值的文件,筛掉那些在这个阶段看起来失去价值的文件。这时,研究者就处于那种罗恩所谓的"进退两难(dialectial)"的境地(p. 134)。受访者的讲述已经结束,现在访谈者要对他们的讲述作出反应,将他或她所有的直觉和智慧集中在这个过程。受访者的讲述与访谈者的回应,将以一种综合形式呈现。

一些评论者将这一过程,视为一个完全的直觉过程(Tagg,1985)。然而,研究者也在尽力设定和明确表述他们关于筛选和归类过程的标准。他们这样做,是为了提供给读者一个了解整个筛选过程和筛选比例的凭据。

我不会根据各种分类去阅读访谈转录稿,以从中得到我想要的摘录。这些分类,是我对有价值材料所做标注的整理结果。另一方面,当我思考我所感兴趣的资料类型时,显然,许多模式是我预先设定、带入转录稿阅读过程的。

处理访谈材料的摘录时,我发现我自己所挑选出的段落与文件中的其他段落有联系。在某种程度上说,数量与质量之间存在相互作用。在其他段落已经多次提到的某个方面经历,一般都具有影响力,会引起人们的关注。

我注意到,摘录的受访者经历的内部相互联系,同时也与其他受访者经历相互联系。有时候,摘录与所研究主题的已有文献、资料也相互关联。比如,由于我从自身访谈的独立视角阅读这个话题,所以这些摘录就很有吸引力。

有些段落会以引人注目或戏剧性的方式出现。这些对我来说,也许非常容易带来麻烦。这些段落以其独有的方式或戏剧性的效果引人注意,但我知道我必须仔细阅读这些段落。戏剧性与普遍性常常很容易混淆。研究者必须对戏剧性内容的特殊性或异质性做出判断(Mostyn,1985)。

有些段落之所以引人注目,是因为它们的自相矛盾,或它们看起来与其他段落毫不相干。这样似乎就很容易被放到一边。然而,恰恰应把这些段落放在最显眼的位置,防止研究者只关注自己偏好的主题,只注意和使用支持自己观点的材料(Kvale, 1996, p. 212; Locke, Silverman, & Spirduso, 2004, pp. 222-223)。研究者在自己收集的各类信息面前,必须了解它们各自的重要性(Miles & Hukerman,1984)。

整理受访者访谈记录的摘录,寻找它们之间的联系,解释这些联系,形成解释性分类等,任务艰巨,同时还存在一定的风险。这类风险在于,研究者们按照自己的思路想方设法地将摘录归类,将分类归纳为主题,而不是从受访者的讲话转录稿中自然提炼、形成主题。访谈者花费大量时间与受访者交谈,是为了发现“他们(their)”的经历,“他们”的意思,以及具有相同经历的人与人之间的联系。罗恩(Rowan,1981)特别指出,把某些理论强制性地加入受访者的讲述之中,是不合理的。

没有什么可以替代沉浸于访谈数据之中。明确表述段落选取的标准,是非常重要的,这样做可以取得公众的信任。作为研究者,确认你的判断,也至关重要。做完访谈,研究访谈转录稿,阅读相关文献,你在心底里已经与这些数据融合为一体,全力以赴地处理它们。现在你需要分析信息和数据了。如朱迪·马歇尔(Marshall,1981)所说的那样,你的公正感以及对整个数据处理过程的连贯性,须臾不可或缺。这就是你作为研究者的贡献所在。

解释材料

解释访谈材料的工作,不是研究者在研究项目接近尾声时才要开展的工作。甚至在访谈者向受访者提出问题时,临时性的解释工作就已经开始影响着提问的方向。标注出有价值的段落,贴上标签,并将其归类都是分析工作,但也含有解释的性质。如找出和评价归好类的概要和摘录一样,草拟概要也是一种分析行为。这两个过程中都包含着解释的因素(我使用了沃尔科特(Wolcott, 1994)曾对"分析(analysis)"和"解释(interpretation)"进行了区分的概念体系。我认为,沃尔科特提供了一种信息处理的可靠办法,他把这种方法表述为三个词,"描述(description)"、"分析"和"解释"。在本书中,我用"分享信息(sharing the data)"这一短语,代替了沃尔科特所提到的"描述")。

在某些情况下,让概要、分类和主题摘录为自己说话,是一个不错的选择。但另一个措施,也许会使之更加合理。研究者必须问问他们自己,他们从进行访谈、分析访谈记录、做标注和贴标签、草拟概要和组织摘录、分类等工作中获得了什么?是什么线索将受访者的经历联系了起来?他们如何理解和解释这些联系?他们如何理解自己在访谈前不能理解的事物?有哪些意想不到的东西出现了?先前的直觉是否得到验证?他们的访谈如何与文献中相关内容保持一致?怎样不一致?他们的高明之处在哪里?

卡麦兹(Charmaz,1983),格拉泽和施特劳斯(Glaser and Strauss,1967),马克斯韦尔(Maxwell,1996)等对这些问题提出了一个切实的建议:当你要确认了一些重要段落,而他们的分类还没有确定或者说他们的特征还不是很明显时,就给这些段落写一个备注。通过撰写备注,标示所挑选段落的方式以及它们的价值,分类特点和所属类别将会更加明显。如果给你的每个分类和概要都写上备注,撰写过程会有助于发现他们各自的重要性,以及相互间的联系。

你研究得到的大多数东西都是暂时性的,这些暂时性的东西有助于进行更深一步的研究。在我们对教师和辅导者所进行的早期研究中(Fishetti, Santilli, Seidman, 1988; O'Donnell et al. ,1989)发现,我们所访谈的教师们所使用的语言受到他们自己早年求学期间所学知识的影响。正因为这一点发现,奥唐奈确立了关于一名教师的成长史的跟踪调查的论文研究主题。

解释的最后阶段与访谈过程相一致,询问研究者自己,研究的意义表现在哪些方面。在访谈过程中,研究者会问及受访者自己经历的意义在哪些方面。现在,他们自己也有机会回答同类的问题。他们也许会回想一下当时的选题过程,他们的研究经历,最后,研究的意义是什么,等等。那么,他们怎么理解这种意义,如何讲清这种意义?这种意义的内部联系是怎样的呢?

研究者从研究中获得的一些东西,使他们提出了蕴含于生活中的事件、结构、角色和社会权力之中的联系。有些研究者把关于这些联系的观点称为理论,不断呼吁研究的目的是构建理论(Fay,1987)。我自己的感觉是,虽然格拉泽和施特劳斯(Glaser and Strauss,1967)提出的关于"理论(theory)"的定义,为质性研究者们运用归纳性研究方法提供了理论基础,但它也夸大了"理论"的内涵,使之失去了一定的有效性(关于对"理论"一词随意使用的善意批评,见 Dey,1993,pp. 51-52)。

我们关于受访者经历的叙事,必然是受到限制的。他们的生活在继续延展,我们的记述也要不断重构和进一步具体化。本书附件中的概要里提到的贝蒂,也许仍旧继续为儿童保育工作而努力,南达也仍旧在美国生活。另外,我们的记述,也使我们与受访者及其言语之间发生了相互作用。虽然我的经验表明,读过贝蒂或南达访谈转录稿的许多人,都能撰写出类似的叙事,但我们仍然为其他访谈者和概要撰写者留出开放的空间，希望他们能够创作出不同的故事（见：Fay，1987，pp. 166-174）。所以，正如他们在深度访谈中选择的主题那样有启发性、记述的故事那样引人注目的状况，我们需要记住，与物理学家在其研究领域中一样，海森伯格的测不准原理（principle of indeterminacy）仍会弥漫于我们的工作中（Bronowski，1958）。在我们对自己的研究结果进行报告的时候，允许在报告的具体方式上存在可以容忍的不确定性。

每种研究方法，都有它的局限性和优越性。深度访谈的优点在于，通过深度访谈，我们可以从受访者的立场了解他们的生活细节。我们可以看到，个人经历与强大的社会力量、组织力量发生相互作用的方式。我们可以发现，生活和工作在相同环境下的人与人之间的相互联系。

深度访谈并没有让我轻易地对这样通过研究而展开的进步革新的可能性产生信心（Bury，1983；Fay，1987）。它使我对人们经历的错综复杂性，有了更深刻的理解。也使我更强烈地意识到，社会环境和组织环境的强大力量的影响。访谈使我对受访者故事中出现的问题、结构、程序和隐含的政策因素等，有了更深一步的理解。同时，它也让我对变革的复杂性和困难性，有了更全面的认识。绝对多数的重要访谈几乎一直使我对受访者肃然起敬，我品味着那份源于访谈的“闲情逸致”式的理解，快乐地分享着他们的故事。

附录 两份概要

南达——一个柬埔寨红色高棉统治时期的幸存者

战争前,……我们有一个成员众多的大家庭……有阿姨、叔叔、表兄妹和祖父母。我家有四个孩子,我是其中之一。我有一个哥哥,一个弟弟,一个妹妹。我家也很富裕,我父亲做生意,我母亲开杂货店,祖父母有一家面粉厂。在我们村中,父亲也是德高望重之人。父亲英俊潇洒,智慧过人,非常重视教育。他经常告诉我们接受教育的重要性。

我 8 岁那年,波尔布特夺取了柬埔寨政权……他在全国各地纷纷建立了劳改集中营。人们被迫背井离乡到劳改集中营里劳动。战争爆发时,红色高棉的军队进驻了我们的村庄。说要将我们从受压迫的政府手中解救出来。让我们不要担心,一切都会像过去一样依然美好。但没有什么是美好的,所有的话都是谎言。他们杀害无辜的群众。最先遭到杀戮的是一些受过教育的专业人士,如医生、商人、教师,太残忍了。

红色高棉军队每天都会组织村民开会,接受再教育。会议往往从早上 6 点持续到晚上 6 点。每个人都必须参加,除了那些病入膏肓的人……有一天,我父亲刚要离家前去开会,一群士兵劫持住了我的父亲。那时候,我母亲已经在会场了。我是家中唯一留下的一个人。他们进入我家,将我家洗劫一空(长时间的停顿),带走了所有东西……接着,父亲被带到外面,双手捆在背后。我害怕极了,但还是决定跟踪他们。

我藏在碗柜后面,想尽办法从小缝隙里窥视我的父亲。这些士兵控告我的父亲背叛了自己的祖国。我父亲坚持对他们说,“我爱我的国家,我有孩子,我热爱我的祖国”。他们一直责备我的父亲,并朝他大喊,控告他为政府部门工作,家中私藏枪支。一个10岁的小士兵用枪顶着父亲的前额。我吓坏了。接着,一个老兵向这个年轻的眨眼示意,要他扣动扳机。他们就这样杀害了我的父亲。我亲眼看到他们用枪杀害了我的父亲,而我却不能动。我吓得不敢大哭。我在隐藏的地方僵立着,只有我一个人。我是唯一的见证人。我麻木了。什么也感觉不到……我告诉你,我是那么地麻木。他们击毙我父亲以后,拿出一把看起来很大的机枪,继续朝他的身体、他的胸膛、他的头部和腿上射击。他们拿走了他的钱包和身上所有值钱的东西。我看到了这一切,但我什么也感觉不到。太可怕了!

当我从恐惧中回过神的时候,我跑去找我的母亲,告诉她父亲被害的消息。我母亲那时候怀有9个月的身孕。她不停地哭泣和呜咽。她追问那些士兵,为什么要杀害我的父亲。一个士兵看着她,用枪指着她的肚子说,“别哭了,我的朋友。你丈夫是个坏人,他背叛了自己的国家。明天我们就找一个好人来娶你。”我母亲趴在地上不停地哭。我哭不出来,我什么也感觉不到。我让哥哥把我带到祖母家。我到祖母家后,才开始大哭。我禁不住大哭。我祖母很烦闷,于是问我,“你怎么哭得这么厉害? 有人杀了你爸爸吗?”我看着她说,“是啊。”我告诉她刚才发生的一切。祖母听到这些,立刻晕倒了。

然后,哥哥和我又回到我们家中。母亲仍在哭泣。邻居和朋友都跑来安慰我们。他们很伤心,也很震惊,但对这一切又都无能为力。他们被[那些士兵]吓着了。母亲请求那些士兵,是否可以体面地埋葬父亲,他们拒绝了这一请求。他们说父亲的尸体应该留下来喂狗,或者扔到河里去喂鱼。妈妈哭得更厉害了。我们大家都哭了。这些我永远都忘不了。最后,那些士兵允许我们埋葬父亲。我们用一张草席把尸体卷起来,埋了父亲。

父亲死后没几天,那些士兵命令全村的人离开村子。他们说离开几天后就回来,但是……我们……就再也没能回家。我们什么也没有带。他们把我们领到森林边上的一个劳改集中营。母亲就快要生了,条件很艰苦。没有房子住,什么都没有。这时候,我的家人和我的大家庭还在一起。我们找了些木头,搭建了一个临时窝棚。我们一到劳改集中营,母亲就生了。没有接生婆。祖母找了一圈,也没找到一个人。母亲想方设法生下了这个孩子。生完孩子后,母亲筋疲力尽,昏睡了两个小时。孩子活下来了,母亲也渡过了难关。这是她所能做到的一件好事。

生完孩子后,母亲不得不直接去稻田里劳动。祖父母照顾小孩。那时候,他们指定老人照顾小孩。5 岁以上的孩子必须劳动。孩子和家长分开劳动,丈夫和妻子也必须分开劳动。他们杀了许多人,击毙了许多人。我亲眼看到,一个男人拒绝和他的妻儿分开劳动,被当场击毙。还有许多人死于疾病和饥饿。

一年后,他们将我们转移到另外一个劳改集中营。在这里,我和母亲分开了。我必须在儿童集中营里劳动。在这里,他们想方设法为我们洗脑,让我们反对自己的父母,暗中监视他们。他们说我们不必尊重自己的父母,生孩子是自然过程,也不必忠实于自己的父母。他们说孩子是珍贵和特别的,我们的生命比成年人更珍贵。但那是假的,他们也杀孩子。

与母亲分开后,我很难过,非常想念她。我不止一次地想要逃跑,去母亲的集中营里找她,但都被他们发现了。他们把我绑起来,惩罚我,警告我不要再那样做。他们告诉我,我的生命现在属于共有财产,我必须奉献。

我一直哭。我非常思念我的父亲。我甚至希望父亲能死而复生。我等着他,但他一直没有回来。我问母亲有关死而复生的事,她告诉我父亲再也不会回来了。听到这些,我很沮丧。

我哭了,她也哭了。我遭受了那么多的磨难。我几乎没有吃的。有时候我饿极了,就吃树叶、生蜗牛、螃蟹等任何劳动时可以抓到的东西。我常常生病。孩子们之间也经常打架。有一天,我发高烧,起不了床,也无法下地劳动。一个小孩跑过来,抓住我的头发,拉我去劳动……唉,孩子们也相互统治。强壮的人就是有权力的统治者。

我很瘦。我的肚子经常肿胀。我们吃不好。一年才能吃上一次米饭和汤。我记得有一次在这个所谓的丰收季节,我吃了太多的东西,差点撑死。我吃得都动不了。你知道,肚子很饱,但嘴巴上很饿。有两个孩子由于暴食撑死了……

因为没有粮食吃,我们不得不转移住地。我们收拾了一下,就往泰国边界挺进。我们走了几天,滴水未沾。我不得不把三岁的弟弟背起来。他那么重,我都想杀了他(小声地笑)……到边界的时候,我们太累了,摔倒在地上。越南军队和红色高棉军队之间,正在进行着激烈的战斗。我们什么也做不了。第二天,我们又转移到别的集中营。在这个集中营里,难民救济组织给了我们一些食物,还有一些塑料布让我们搭建窝棚。我到处找我哥哥,但怎么也找不到他。有人告诉我,他加入了红色高棉的一支军队(自由红色高棉)。

这个集中营的生活,也很不易。我们睡在地上。梅雨季节,天一直在下雨。我睡觉时,有时候半躺在水里。是死是活也已经无所谓了,顺其自然。母亲经常在我们熟睡时,守着我们。我一直在工作,为人们运水。他们付我很少的报酬。我一天挣 30 泰铢[1 美元]。我把钱攒起来,补贴家用。

几个月后,哥哥终于与我们团聚了。我们又重新生活在一起。由于边境战争愈演愈烈,我们又不得不再次转移。

为了安全,我们不得不来到泰国的难民收留中心。我们四处奔波,到处躲避。我们必须十分小心,以免再次踏入祖国的领土。幸运的是,联合国的卡车在路上收留了我们。一切都是那么突然地发生。哥哥没能登上卡车,我们再次和他失去联系。卡车上的所有人都在哭,寻找自己的家人。非常难过,也非常困惑。

我们终于到了泰国。联合国组织成员将我们送到难民收留中心。我很高兴因为我们都活了下来。联合国组织成员给了我们一些材料,让我们搭建窝棚……你知道……杆子和塑料布。生活有所改变,但我还是担惊受怕。联合国给我们提供沙丁鱼罐头、大米和食用油。很不错(笑)。收留中心的生活还不错。有时候我与一些成年人偷偷溜出集中营,去泰国市场买食物。我们不应当那样做,但我还是好奇。有一次我被抓住了,在监狱里呆了3天。他们把我的头发剪掉了。母亲哭了三天,到处找我。她以为我被人杀害了。

我在集中营的小学上学,学习谷美尔语。我喜欢那里的生活。泰国人很好很友善。我在那里交了几个泰国朋友。但是我们刚刚开始在那里舒服地过了6个月,又要转移到另一个集中营。联合国决定关闭这个集中营,所以我们必须回到起初的那个难民集中营里去。来回转移不是那么容易的事情,有时候真是难以忍受。

回来后,我加入了救济组织开设的公共卫生班,跟班学习。我努力学习,并通过了考试。后来,我就去集中营的日间护理中心开始工作。在那里我遇到了我的丈夫,我们一起工作。那时候我天天学习和工作……后来,我又在集中营医院里,找到了一份翻译的工作。这个工作很艰苦,但很重要。帮助外国医生和护士,治疗受伤的谷美尔士兵。每天都有卡车拉着他们来医院疗伤。看到这么多的苦难和伤痛,我感到很痛心。

在第一个集中营中令人高兴的事情是,与哥哥再次团聚。他在美国大使馆从事翻译工作。我们向美国政府提交了定居申请,并得到接受。接着,我们又被送到别的集中营学习英语。菲律宾的集中营非常美丽,坐落在海边。那里有大量的食物和水果。人们也很亲和、友善。我放松下来学习英语。在菲律宾时,我与和我一起在日间护理中心工作的同事举行了婚礼。

我结婚后不久,母亲和我的兄弟姐妹就移居佛罗里达。我和丈夫待在一起。1984年,我们离开菲律宾、奔赴美国。在战区的时候,我满眼看到的都是残酷和毁灭。到美国后,我感到一切都是那么的新鲜和与众不同,我为之倾倒了。但是语言很难懂。

人们说话很快,我跟不上。我的口音,也使他们不能理解我讲话的意思。这种情况下,你该怎么做呢?那时候,我非常沮丧。我甚至都不想继续呆在这里了。我不知道为什么要来这里。我忍不住回想起在柬埔寨的过去。

学习英语,对我来说很艰难的。我的口音很重,人们总是很难理解我讲的英语。我努力学习英语,因为我知道我的后半生必须生活在这里。我必须做一些事情。我参加了英语作为第二语言(ESL)的课程学习。我的英语说得是比过去好了一点,但是仍旧存在口音和发音的问题。

与丈夫的收养家庭一起生活,很不容易。他们不了解我,所以他们不懂我。我只能向我的丈夫求助……因为伤心、迷茫、缺乏被爱的感觉,我一直哭。我失去了生活的希望。后来,我发现自己怀孕了。我的怀孕,改变了一切……事情有所好转。怀孕给了我力量和希望。我必须做点事情。我的生活要有所改变。我已经走到了这一步,我必须继续走下去。我想起了以前在柬埔寨战争时期没有东西吃的日子。在那里我什么也做不了,在这里我至少有饭吃,有房子住。在这里我衣食无忧,我应当有效地利用这些有利条件。在我决定做事之前,必须接受一些教育。我必须重新振作起来。

我报名参加了 GED 学习班。在课堂上的第一天,并不愉悦。许多同学都是像我一样的年轻母亲。我感到不受欢迎。他们嘲笑我的口音。有一次,老师让我读书上的一段话,我读出来时肯定非常好笑,一个同学竟然笑得从椅子上掉了下来。我感到很丢脸……很生气。老师批评了这个同学,但我受到了深深的伤害。那个女孩不知道我从哪里来,很显然,她把我当成一个外来者。我不属于他们的朋友圈子。我不知道迈克尔·杰克逊是谁,我不了解任何电视脱口秀的主持人,所以我不能加入他们的谈话。我总是被排除在他们的圈子之外。

女儿出生后,我就在家里学习。家庭教师到我家,帮助、指导我完成家庭作业。我和丈夫搬出了公公婆婆的家……我花了3年时间通过了GED考试。对我来说,这确实是一个不小的成绩。当地报纸刊登了有关我的文章。毕业典礼上,我有些飘飘然了。我很高兴,为自己感到自豪。同时我也感到很伤心,因为在人生的这个重要时刻,父母没能和我在一起。

GED通过后,我找了一份翻译工作。工作一段时间后,大约一年后,我问领导我是否可以做一些咨询工作,她同意了。第一次做咨询的时候,我非常紧张。我告诉我的客户,如果我出错,请不要担心。老板送我到波士顿进行营养学和顾问服务方面的培训。我也在社区学院中,修读了营养学和顾问服务方面的课程。我学习一直都很努力。课后作业也很难。我经常用很长的时间完成家庭作业。学习虽然难,但我喜欢。我取得了营养顾问证书,到现在我已经工作8年了。

1989年,我被确诊为葡萄胎妊娠。我的胎盘一直在长,但里面没有婴儿。医生对我实施了手术治疗,想方设法把它清理干净,但是没有任何作用。我的病情很严重,医生告诉我可能会有生命危险。有人告诉你,你活不了几个月了,你能想象吗?非常害怕,我女儿只有三岁。我去波士顿的医院进行化疗。化疗使我的病情更加严重。每次化疗后,我会难受两周。我不能走路、吃饭,或者说生活不能自理。化疗后,呼吸都很困难。我完全疯掉了。每次听到"化疗"这个词,我都会大哭一场。我花了6个月的时间进行化疗,才制止了荷尔蒙的不规律分泌。我现在恢复好了,但是化疗后我不再是以前的那个我了。我变得情绪化、无耐心,也很容易疲劳。我必须完全放松。

现在我只能做一些兼职工作。我尽量与我的孩子待在一起,尽情享受生活。过去我没有时间思考如何好好生活,因为我总是一直挣扎在生存的边缘上。两次与死亡擦肩而过,使我认识到任何事情都有可能发生。我的童年遗失在战争时期,那时候我差点因为疾病死去。现在我有了活的机会,我要享受生活。

生命很短暂,今天还在这里,明天就不知道到哪去了。我首先想到的是要继续我的学习,但我知道我有可能承受不了压力。那么好吧,我喜欢现在。我有我的家庭。

我尽可能少地与当地的柬埔寨社区保持联系,因为参与得越多,我就越头疼。在过去,柬埔寨人互相喜欢,但是现在[不同了]。我认为,许多人仍旧不能走出他们的过去。他们的生活被搅乱了,需要通过一个艰难的恢复时期。我必须非常努力地工作,忘记过去的伤痛,但是有些人不知所措……他们责备我过于美国化。我不知道他们是什么意思。我不是美国人,我不知道我究竟是谁,但我喜欢现在的地方。你知道有时候真的很迷茫,这并不适合所有的地方。我对柬埔寨的文化了解很少,因为我的童年大多数都在躲避子弹中度过。现在,我努力学习我们的文化,以便以后教育我的孩子。是的,这很有意思,不了解自己的根。

总之,我认为我很幸运。我有自己喜欢的工作,一个支持我的丈夫,两个可爱的孩子。我的同事都很好……我尽量不去多想我的过去。但是一个人要忘记那些苦难谈何容易?我心里记着。事实上,我想试着写一本相关的书。我的英文很差,虽然用英文写作或许没有任何意义,但我还是坚持用英文写作。不管怎样我都要写,写作有助于我减轻疼痛。也许没有经历过那场战争的人,能够从我的故事里了解点东西。我记得战争中发生在我身上的所有事情,但我不会让他们影响我的生活,因为我希望……憧憬未来。我的过去很黑暗,我也无法改变,我也不能对它视而不见……不。我只有往前走。为了孩子,我必须坚强。生活充满了意外。今天我们还在这里感觉良好,又说又笑,但是明天谁又能知道是什么情况。我认为,没有什么东西是永恒的。我也明白,除了自己我谁也不能依靠。当我强壮时,人们都认识我。当我虚弱时,人们踩在我的头上。我认为我是强壮的,我有所准备。如果明天不幸降临到我的头上,我不会崩溃。最坏的事情在我身边都已经发生了,你知道,疾病和战争。我想我能挺得过去(Fuderich,1995)。

贝蒂——长期日间保育员

这已是我第9年做[日间保育]了。时间确实很长了。我只想再做一年,看看我女儿对它的感受……我对日间保育有着不同的观点。保育或多或少像是一两个孩子在玩耍嬉戏。我并不知道我真正做了多少工作,但慢慢地变成了一种习惯。我们吃饭,去公园玩。在那里有两个女士也是从事儿童保育工作的,我发现她们也是每天早上去操场。这样,我就认识了许多人。我了解了许多自己以前不知道的关于儿童保育的事情,还有一些特定年龄要干的特定事情。这也对我养育自己的女儿有很大的帮助。对她也有好处。就拿我保护孩子来说吧,也让我女儿明白了每个人都有着不同的生活方式。对我丈夫也有好处。这个工作对我的整个家庭都有帮助。

我虽然是家里的独生女[婴儿时被收养],但我们住在一所公寓里,周围都是孩子。我经常照顾孩子……妈妈从来不工作。我爸爸的观点是:女人要待在家中,相夫教子。没有别的,虽然我们也花钱。我确信我耽误了妈妈很多时间。妈妈希望自己可以出去找份工作,而不是在家和我待在一起。但是过了一段时间,我猜想妈妈不再介意了。

[现在]则非常有趣,当孩子们围在我身边说,“你不工作是怎么回事? 你没有工作怎么办?”我尽力向他们解释,我在工作。我的工作是日间保育。[他们说]“不,你没有。他们怎么会给你钱呢? 你没有工作过。”

过了一段时间后,许多人[邻近的]就开始了解你了。“那里来了一位带着一群小孩的女士。”他们知道你,就会帮你过马路。我想他们会欣赏我,但是我总听到人们对我说,“噢,上帝! 你怎么能做这个工作呢? 我不能做。6个小孩。天呢,我宁愿在工厂工作!”去商店时,总是引来众多的目光。我不管。我也不能管。这也影响不到我……

有时候我对自己说,“我不做这个工作了。我要放弃,我要疯了。”当有个孩子来时,一声不吭,或者说话非常害羞,而突然有一天你得到他的一个拥抱。这就会使我感到非常舒心,我感觉也完成了一件大事。这也许花了我很长时间,但他最终走出了自己的“壳”。这使我感觉非常好……

后来有人问我,“你难道不想做一些别的事情吗?你的看法是什么呢?未来怎么办呢?你知道,也没有任何提升的机会。”对我来说,是有晋升机会的。当孩子来时,最后开口说话或给你一个大大的拥抱,或者他们离开时大哭,这都会使我感觉很好。那就是我的晋升。虽然听起来平淡无奇,但这是真的。

[孩子们]不会像你所希望的那样发展,一直说笑……我有一个特别的案例,一个孩子告诉我他要踢我的屁股,然后他用一把刀子比划着,告诉我怎么踢![他说]“你就是这样伤害别人的。”第二天他回来了,运动鞋里有一只经常挂在钥匙链上小启瓶器。他拿给我看[他又说]“你就是这样伤害别人的。”这确实吓到我了。[我想]这个孩子必须走,他很危险。但他实际上不是这样的。大多数时候,不是孩子危险,而是家长危险。他们[孩子们]不得不这样表现。

我认为[日间保育]大多数时候,真正帮助了家长。如果孩子一天中离开家长几个小时,就会给家长一段休息时间。当他们意识到这个休息时间的时候,希望事情会变得更好。过一段时间后,等了解了他们[父母],便和他们坐下来,喝杯咖啡,许多家长坐下来开始哭泣,告诉我发生的一切。从他们的孩童时代讲起,或者讲讲前夜发生的事情。有时候你真的很同情他们……

一些防御性家长,真的不想和我打交道。你可以和他们交谈。孩子丢了,他们也不愿让我知道。[他们说]“有什么大惊小怪的,你不必知道。”或许他们觉得我是个威胁。如果有孩子告诉我早上发生的一些我必须报告的事情……家长也需要听到我的报告。保育员中有些人确实是单独一人。然后,我那些没有受到虐待和忽视的孩子的家长……。我可能会说错一些事情,把他们送走。我不是专业人员……

我们有一个支持团队,每月碰头一次。支持团队由四个保育员和一个社会工作者组成。我们坐下来,讨论我们和孩子在一起时遇到的问题,[问一下]谁能解决这个问题。我认为这就是许多保育员辞职的原因。尤其是一些孤单的保育员。没有人和你说话,整天只能和孩子说话。我也是这样的情况。我去参加一个生日宴会,我发现我自己去找小孩子而不去找大人。我在那里感到很舒服。有时候你不知道要对成人说些什么,因为你是这么地孤立。这就是支持团队为什么好的原因……仅仅花上一个半小时或两个小时,你就可以听到别人的声音。坐下来,和其他成年人聊天,会使你感觉很好。

我必须为每个孩子写日志。最近你会经常听到这样的事情,保育员因为虐待孩子遭到控告。这样确实有助于[能够]回到几个月以前。[可以]说,“等一分钟,这个孩子[那天]根本就不在”或者其他。那也是我对[日间保育]体系的期望。你可以回去,他们也会支持你。我的意思是[如果]9年[后]还有人不了解你的话,他们就永远也不会了解你……

如果这件事情发生在我身上,家长打电话给我,我会感到非常生气。我认为一定是这个人曾经在这儿时,我对他做了非常愚蠢的事情。例如,“这个孩子每天回家都有瘀伤,我想知道”[到底发生了什么事]。她在电话里诅咒。然后情况变得更糟。[她说]“我的律师会去见你。”

最后我说,“看,我从事保育工作这么长时间了,我从来没有虐待过任何人。”我真的很生气。我心里想,“再做这份工作,我都快要疯了。”我仍旧不知道那瘀伤是怎么回事。把瘀伤说得好像孩子从头到脚都是青一块紫一块似的。其实只有膝盖周围两块分币大小的瘀伤。很可能是因为爬行磕伤的。我不否认瘀伤,但我必须否认我伤害过某人。这确实令我很生气。我认为这就是为什么那么多人辞职的原因。这只是我的观点,如果他们只相信另一方怎么办?他们解雇你怎么办?他们会去调查吗？同时还会发生什么事？

或许是我造成的，因为孩子确实伤了。我告诉她带孩子去看医生。我对社会工作者说，我想带那个孩子去看医生，否则她就不会来我这里接受保育服务了。周五的时候发生了，我记得是周日。他们威胁我，我想他们不知道我真的是为那孩子好，还要保护其他的孩子。

几年前，我丈夫会说，“都这样了，你还是辞职吧！”现在他会说，“平静下来，他们明天也会平静下来。”我可以和我的孩子或他交谈。如果有人和你说话，就好多了……

我再讲一个案例，曾经带过一个很小的孩子。我认为我们仍旧可以让她来，但她的家庭有问题。她父亲干涉并威胁我，事情变得越来越棘手。当我看到她时，感到糟糕透了，好像我应当留下她似的。但是我们还有选择。[那]甚至达到这样的地步，我女儿都被吓着了。她接到一个电话，很害怕，然后我们必须做出选择。我们不能生活在恐惧当中，我不想让女儿生活在恐惧当中……

我想是因为有一些孩子信任我，所以感觉很好。[他们和我]去同一个地方，形成一种惯例。他们也过来告诉我一些事情。[有]两个母亲感到威胁。一位母亲停下来告诉我，她和她的丈夫之间有一些问题。她坐在那儿，她以前从没来过。所以，孩子和家长都开始信任我……

我的孩子都坐巴士来这里。对一个只有三岁的孩子来说，确实很难……那个大巴突然开过来了，母亲将你送上车，然后离开了。你不知道你是否要回家。我的一些孩子被送到这里来进行日托之前，还属于看护阶段。他们不知道是否要回家。

[孩子要离开家庭、接受保育]确实很难。我尽力告诉家长，孩子最后一天一定要来。再过几天，我告诉孩子们有一个人要走了。接着那个孩子就不再回来，我不知道这样做对这个孩子或其他孩子是否是好事，因为没有人知道将来会发生什么。就像你狠狠地把他们扔出去，放在别的地方，日后就忘得一干二净。我认为让孩子知道以后要去哪里很重要。或许，孩

子们也会这么想,“或许贝蒂不再想他了。”或许有一天我突然告诉他,“你不能做这些事情了!”或许这些孩子认为一定是他做坏事了,所以他不能再来了。

我希望有时候有人打电话给我说,“看看,如果再没人和我说话,我就杀了那个孩子”……我女儿很小的时候,晚上她不睡觉,我甚至也有过这样的感觉。但我记得,大多数时候我都坐在床上,拿枕头放在头上说,“上帝,请你帮帮我吧。我再也做不下去了。”我有过一模一样的感觉。接着,你控制住自己的情绪,抱起孩子。如果她哭了三个多小时,你就抱着她出去走走,到大厅里坐坐。我想任何有孩子的人,都有同样的感受。

或许是因为我自己是被收养的,或许有其他原因,你尽力……保护他们不受伤害……孩子确实令你困扰。我唯一能想到的事情是“我怎么了?”你看到这些可爱的婴儿。谁不喜欢小孩子啊?我做了什么?我是不是大叫得太多了?……我遇到自己的亲哥哥时,他也有同样的感觉……他说他的生活里充满了孩子的气息……

我也尝试过其他的工作。我去过美发师学校。我甚至在工厂里干过活。我赚过大钱。但只有干这份工作的时间最长,我很喜欢。或许你需要抽出时间,做一些别的事情。我会在下班后再干这些事情。

我丈夫的工作是倒班制。他回家后就很开心。他喜欢待在家里。我在家里做饭,想出去工作。现在我们一个周末与孩子们一起度过,另一个周末[一起]干别的事情。他在监狱里工作。我们坐在一起,他就给我讲监狱里的事情。我给他讲一些日间保育的事情。我们相互看着对方说,“我们一定是疯了,让我们做些别的事情了,不要再干这样的工作了。”(Sheehan,1989)

Alldred, P. , & Gillies, V. (2002). Eliciting research accounts: Re\producing modern subjects. In M. Mauthner, M. Birch, J. Jessop, & T. Miller (Eds.), *Ethics in qualitative research* (pp. 91-106). London: Sage.

American Anthropological Association. (1983). *Professional ethics: Standars and procedures of the American Anthropological Association.* Washington, DC: Author.

American Humane Fact Sheet. (Accessed April 18, 2005). *http://american humane. org\site\DocServer\nr_Factsheet-Reporting. PDF? docid*-1274.

Anderson, B. A. , Silver, B. D. , & Abramson, P. R. (1988). The effects of the race of the interviewer on race related attitudes of black respondents in SRC\CPS national election studies. *Public Opinion Quarterly*, 52, 289-324.

Anderson, P. V. (1996). Ethics, institutional review boards, and the involvement of human participants in composition research. In P. Mortensen & G. E. Kirsch (Eds.), *Ethical representation in qualitative studies of literacy* (pp. 260-285). Urbana, IL: National Council of Teachers of English.

Annas, G. (1992). The changing landscape of human experimentation: Nuremberg, Helsinki and beyond. *Health Matrix: The Journal of Law-Medicine*, 2, 119-140.

Applebaum, P. S. , Lidz, C. W. , & Meisel, A. (1987). *lnformed consent: Legal practice and theory.* New York: Oxford University Press.

Aristotle. (1976). *The ethics of Aristotle: The Nicomachean ethics* (J. A. K. Thomson, Trans.). London: Penguin.

Bailyn, B. (1963). Education as a discipline, lnJ. Walton &J. L. Luwethe (Eds.), *The discipline of education* (pp. 126-129). Madison: University of Wisconsin Press.

Becker, H. S. , & Geer, B. (1957). Participant observation and interviewing: A comparison. *Human Organization*, 16(3), 28-32.

Bell, L. , & Nutt, L. (2002). Divided loyalties, divided expectations: Research ethics, professional and occupational responsibilities. In M. Mauthner. M. Birch, J. Jessop, & T. Miller (Eds.), *Ethics in qualitative research* (pp. 70-

90). London: Sage.

Bernard, H. R. (1994). *Research methods in anthropology* (2nd ed.). Thousand Oaks, CA: Sage.

Bernstein, B. (1975). *Class, codes and control: Vol. 3. Towards a theory of educational transmission.* London: Routledge and Kegan Paul.

Bertaux, D. (Ed.). (1981). *Biography and society: The life history approach in the social sciences.* Beverly Hills, CA: Sage.

Birch, M., & Miller, T. (2002). Encouragingparticipation, ethics and responsibilities. In M. Mauthner, M. Birch, J. Jessop, & T. Miller (Eds.), *Ethics in qualitative research*(pp. 91-106). London: Sage.

Blauner, B. (1987). Problems of editing "first-person" sociology. *Qualitative Sociology*, 10(1), pp. 46-64.

Blumer, H. (1969). *Symbolic interactionism: Perspective and method.* Englewood Cliffs, NJ: Prentice Hall.

Bogdan, R., & Taylor, S. J. (1975). *Introduction to research methods: Aphenomenological approach to the social sciences.* New York: Wiley.

Boushel, M. (2000). What kind of people are we? "Race," anti-racism and social welfare research. *British Journal of Social Work*, 30, 71-89.

Brannen, J. (1988). Research note: The study of sensitive subjects. *Sociological Review*, 36(3), 552-563.

Brenner, M., Brown, J., & Canter, D. (Eds.). (1985). *The research interview: Uses and approaches.* London: Academic Press.

Briggs, C. L. (1986). *Learning how to ask: A sociolinguistic appraisal of the role of the interview in social science research.* Cambridge, England: Cambridge University Press.

Bronowski, J. (Narrator). (1973). *Ascent of Man. Knowledge of Certainty*, # 11 [Film]. Paramus, NJ: Time Life Video.

Brooks, J. (2005, April 15). *Current and emerging issues in human subjects research.* Presentation at Second Annual Conference on Ethics in Graduate Education, University of Massachsuetts Amherst.

Bruner, J. (1996). *The culture of education.* Cambridge, MA: Harvard University Press.

Burke, K. (1990). *The experience of communications majors.* Unpublished manuscript, University of Massachusetts, Amherst.

Bury, J. B. (1932). *The idea of progress.* New York: Dover.

Butcher, S. H. (Ed. and Trans.). (1902). *The poetics of Aristotle.* London: MacMillan.

Callaway, H. (1981). Women's perspective: Research as revision. In P. Reason & J. Rowan (Eds.), *Human inquiry* (pp. 457-471). New York: Wiley.

Campbell, D., & Stanley, J. (1963). Experimental and quasi-experimental design for research in teaching. In N. L. Gage (Ed.), *Handbook of research on teaching* (pp. 171-246). Chicago: Rand McNally.

Carlisle, L. (1988). Response to literature among first graders: Exploring the possibilities. *Comprehensive Dissertation Index* 1988, DEV88-13203.

Cassell, J. (1978). Risk and benefit to subjects of fieldwork. *The American Sociologist*, 13, 134-143.

Charmaz, K. (1983). The grounded theory method: An explication and interpretation. In R. Emerson (Ed.), *Contemporary field research: A collection of readings* (pp. 109-126). Boston: Little Brown.

Charmaz, K. (1991). Translating graduate qualitative methods into undergraduate teaching: Intensive interviewing as a case example. *Teaching Sociology*, 19 (3), 384-395.

Cleary, L. M. (1985). *The experience of 11th grade writers: The interaction of thought and emotion in the writing process*. Unpublished doctoral dissertation, University of Massachusetts, Amherst.

Cleary, L. M. (1988). A profile of Carlos: Strengths of a non-standard dialect writer. *English Journal*, 77(1), 59-64.

Cleary, L. M. (1990). The fragile inclination to write: Praise and criticism in the classroom. *English Journal*, 79(2), 22-28.

Cleary, L. M. (1991). *From the other side of the desk: Students speak out about writing*. Portsmouth, N H: Boynton\Cook.

Cleary, L. M. (2005, March 31). *Research in progress: The ethics of cross cultural research in educational settings: More questions than answers.* Presentation at Forum Series on the Ethics of Person-Based Research, sponsored by the Graduate School, University of Massachusetts, Amherst.

Cleary, L. M., & Peacock, T. (1997). *Collected wisdom: American Indian education.* Boston: Allyn and Bacon.

Code of Federal Regulations (2001). Title 45 Public Welfare, Part 46 Protection of Human Subjects. Washington, DC: United States Department of Health and Human Services.

Compagnone, W. (1995). *Student teachers in urban high schools: An interview study of neophytes in neverland.* Unpublished doctoral dissertation, University of Massachusetts, Amherst.

Conkright, S. L. (1997). *Personal adoption of the fundamental nature of participatory leadership: An interview study of the transformation of elites' business practice.* Unpublished doctoral dissertation, George Washington University, Washington, DC.

Cook, J. (2004) *Coming into my own as a teacher: English teachers' experience in their first year of teaching*. Unpublished doctoral dissertation, University of Massachusetts, Amherst.

Corbin, J., & Morse, J. M. (2003). The unstructured interactive interview:

issues of reciprocity and risks when dealing with sensitive topics. *Qualitative Inquiry*, 9(3), 335-354.

Cotter, P. R., Cohen, J., & Coulter, P. B. (1982). Race-of-interviewer effects in telephone interviews. *Public Opinion Quarterly*, 46, 278-283.

Davis, J. (1984). Data into text. In R. F. Ellen (Ed.), *Ethnographic research: A guide to general conduct* (pp. 295-318). London: Academic Press.

Dean, J. P., & Whyte, W. F. (1958). How do you know the informant is telling the truth? *Human Organization*, 17(2), 34-38.

de Laine, M. (2000). *Fieldwork, participation and practice: Ethics and dilemmas in qualitative research*. London: Sage.

Devault, M. L. (1990). Talking and listening from women's standpoint: Feminist strategies for interviewing and analysis. *Social Problems*, 37(1), 96-116.

Dexter, L. A. (1970). *Elite and specialized interviewing*. Evanston, IL: Northwestern University Press.

Dey, I. (1993). *Qualitative data analysis: A user-friendly guide for social scientists*. London: Routledge.

Dollard, J. (1949). *Caste and class in a southern town*. Garden City, NY: Doubleday Anchor Books.

Douglas, J. (1976). *Investigative social research: Individual and team field research*. Beverly Hills, CA: Sage.

Douglas, J. (1979). living morality versus bureaucratic fiat. In C. B. Klockars & F. W. O'Connor (Eds.), *Deviance and decency* (pp. 13-34). Beverly Hills, CA: Sage.

Douglas, J. (1985). *Creative interviewing*. Beverly Hills, CA: Sage.

Dyson, F. (2004). One in a million. [Review of the book *Debunked! Esp, telekinesis, other pseudoscience.*] *New York Review of Books*, LI, 5, 5.

Education Sciences Reform Act of 2002. (2002). 20 United States Code Service 9501.

Edwards, R. (1990). Connecting methods and epistemology: A White woman interviewing Black women. *Women's Studies International Forum*, 13(5), 477-490.

Elbow, P. (1981). *Writing with power*. Oxford, England: Oxford University Press.

Ellen, R. F. (Ed.). (1984). *Ethnographic research: A guide to general conduct*. London: Academic Press.

Elliott-Johns, S. (2004). *Theoretical orientations to reading and instructional practices of eleven grade five teachers*. Unpublished doctoral dissertation, McGill University, Montreal.

Faden, R. B., & Beauchamp, T. L. (1986). *A history and theory of informed consent*. New York: Oxford University Press.

Fay, B. (1987). *Critical social science: Liberation and its limits*. Ithaca, NY: Cornell University Press.

Ferrarotti, F. (1981). On the autonomy of the biographical method. In D. Bertaux (Ed.), *Biography and society: The life history approach in the social sciences* (pp. 19-27). Beverly Hills, CA: Sage.

Fischetti, J. C., Santilli, S. A., & Seidman, I. E. (1988). *The mask of teacher education reform*. Unpublished manuscript, University of Massachusetts, Amherst.

Fish, S. (1980). *Is there a text in this class?* Cambridge, MA: Harvard University Press.

Frank, N. (2000). *The experience of six mainland Chinese women in American graduate programs*. Unpublished doctoral dissertation, University of Denver, Colorado.

Frenzy at UMass. (1970, December 21). *Time*, p. 34.

Fuderich, T. (1995). *The psychology of children of war*. Unpublished manuscript, University of Massachusetts, Amherst.

Gabriel, J. (1997). *The experiences of language minority students in mainstream English classes in United States public high schools: A study through in-depth interviewing*. Unpublished doctoral dissertation, University of Massachusetts, Amherst.

Gage, N. L. (Ed.). (1963). *Handbook of research on teaching*. Chicago: Rand McNally.

Gage, N. L. (1989). The paradigm wars and their aftermath: A "historical" sketch of research on teaching. *Educational Researcher*, 18(7), 4-10.

Galvan, S. (1990). *Experience of minority teachers in local teachers union*. Unpublished manuscript, University of Massachusetts, Amherst.

Garman, N. (1994). Qualitative inquiry: Meaning and menace for educational researchers. InJ. S. Smyth (Ed.), *Conference proceedings for the mini-conference, Oualitative Approaches in Educational Research*. Flinders University, South Australia, pp. 3-12.

Gergen, K. J. (2001). Foreword. In S. Wortham, *Narratives in action: A strategy for research and analysis*. New York: Teachers College Press.

Gitlin, T. (1987). *The sixties: Years of hope, days of rage*. New York: Bantam Books.

Glaser, B. G., & Strauss, A. S. (1967). *The discovery of grounded theory: Strategies for qualitative research*. New York: Aldine De Gruyter.

Goldstein, T. (1995). Interviewing in a multicultural\multilingual setting. *TESOL Ouarterly*, 29(39), 587-593.

Gordon, R. (1987). *Interviewing strategies*. Chicago: Dorsey Press.

Gove, P. B. (Ed.). (1971). *Webster's third new international dictionary of the English language, unabridged*. Springfield, MA: G & C Merriam.

Griffin, P. (1989, March 28). *Using participant research to empower gay and lesbian educators*. Paper presented at the American Educational Research Association Annual Conference, San Francisco, CA.

Hardin, C. (1987). Black professional musicians in higher education: A dissertation based on in-depth interviews. *Comprehensive Dissertation Index* 1983-1987, DEU87-10458.

Heller, J. (1972, July 26). Syphilis victims in U.S. study went untreated for 40 years. *New York Times*, p. 1.

Herod, A. (1993). Gender issues in the use of interviewing as a research method. *Professional Geographer*, 45(3), 305-316.

Heron, J. (1981). The philosophical basis for a new paradigm. In P. Reason & J. Rowan (Eds.), *Human inquiry* (pp. 19-35). New York: Wiley.

Hertz, R., & Imber, J. B. (Eds.). (1995). *Studying elites using qualitative methods*. Thousand Oaks, CA: Sage.

Hirsch, A. (1982). Copyrighting conversations: Applying the 1976 copyright act to interviews. *American University Law Review*, 31, 1071-1093.

Hubbell, L. D. (2003). False starts, suspicious interviewees and nearly impossible tasks: Some reflections on the difficulty of conducting field research abroad. *The Oualitative Report*, 8(2), 195-209.

Hyman, H. H., Cobb, W. J., Fledman, J. J., Hart, C. W., & Stember, C. H. (1954). *Interviewing in social research*. Chicago: University of Chicago Press.

James, W. (1947). *Essays in radical empiricism* and *In a pluralistic universe*. New York: Longmans, Green.

Jenoure, T. (1995). *Navigators, challengers, dreamers. African American musicians, dancers, and visual artists who teach at traditionally white colleges and universities*. Unpublished doctoral dissertation, University of Massachusetts, Amherst.

Johnson, J. (1975). *Doing field research*. New York: Free Press.

Kahn, R. L., & Cannell, C. F. (1960). *The dynamics of interviewing*. New York: Wiley.

Kanter, R. M. (1977). *Men and women of the corporation*. New York: Basic Books.

Kelman, H. C. (1977). Privacy and research with human beings. *Journal of Social Issues*, 33(3), 169-195.

Kirsch, G. (1999). *Ethical dilemmas in feminist research: The politics of location, interpretation, and publication*. Albany: State University of New York Press.

Kolata, G. (2001, July 17). Johns Hopkins admits fault in fatal experiment. *New York Times*, p. 16.

Kuhn, T. S. (1970). *The structure of scientific revolution* (2nd ed.). Chicago: University of Chicago Press.

Kuhn, S. (1996). Unpublished syllabus, College of Management, University of

Massachusetts, Lowell.

Kvale, S. (1996). *Interviews: An introduction to qualitative research interviewing.* Thousand Oaks, CA: Sage.

Labov, W. (1972). Logic of non-standard English. In *Language in the inner city: Studies in Black English vernacular* (pp. 201-240). Philadelphia: University of Pennsylvania Press.

Lather, P. (1986a). Issues of validity in open ideological research: Between a rock and a soft place. *Interchange*, 17(4), 63-84.

Lather, P. (1986b). Research as praxis. *Harvard Educational Review*, 56(3), 257-277.

Lee, R. M. (1993). *Doing research on sensitive topics.* London: Sage.

Liberman, K. (1999). From walkabout to meditation: Craft and ethics in field inquiry. *Qualitative Inquiry*, 5, 547-563.

Lightfoot, S. L. (1983). *The good high school: Portraits of character and culture.* New York: Basic Books.

Lincoln, Y. S., & Guba, E. G. (1985). *Naturalistic inquiry.* Beverly Hills, CA: Sage.

Locke, L. (1989). Qualitative research as a form of scientific inquiry in sport and physical education. *Research Quarterly for Exercise and Sport*, 60(1), 1-20.

Locke, L. F., Spirduso, W., & Silverman, S. J. (2000). *Proposals that work: A guide for planning dissertations aud grants proposals* (4th ed.). Beverly Hills, CA: Sage.

Locke, L. F., Silverman, S. J., and Spirduso, W. (2004). *Reading and understanding research*, (2nd ed.). Thousand Oaks, CA: Sage.

Lofland, J. (1971). *Analyzing social settings.* Belmont, CA: Wadsworth.

Lynch, D. J. S. (1997). *Among advisors: An interview study of advising at a public, land grant university.* Unpublished doctoral dissertation. University of Massachusetts, Amherst.

Macur, J. (2005, April 15). Standing up after fearing standing out. *New York Times*, p. C14.

Mannheim, K. (1975). *Ideology and utopia.* New York: Free Press.

Marshall, C., & Rossman, G. B. (1989). *Designing qualitative research.* Newbury Park, CA: Sage.

Marshall, J. (1981). Making sense as a personol process. In P. Reason & J. Rowan (Eds.), *Human inquiry* (pp. 395-399). New York: Wiley.

Matson, F. (1966). *The broken image: Man, science, and society.* Garden City, NY: Archer Books.

Mattingly, C. (1998). *Healing dramas and clinical plots. The narrative structure of experience.* Cambridge, England: Cambridge University Press.

Maxwell, J. A. (1996). *Qualitative research design: An interpretive approach.* Thousand Oaks, CA: Sage.

McKee, H. (2004). Statement at University of Massachusetts Sociology Department Forum on Ethics and the Social Sciences, October 1, 2004.

McCracken, G. (1988). *The long interview.* Beverly Hills, CA: Sage.

McLuhan, M. (1965). *Understanding media: The extensions of man.* New York: McGraw-Hill.

Miles, M. B., & Huberman, A. M. (1984). *Qualitative data analysis: A sourcebook of new methods.* Beverly Hills, CA: Sage.

Miller, J. H. (1993). *Gender issues embedded in the experience of women student teachers: A study usingin-depth interviews.* Unpublished doctoral dissertation, University of Massachusetts, Amherst.

Miller, J. H. (1997). Gender issues embedded in the experience of student teaching: Being treated like a sex object. *Journal of Teacher Education*, 48 (1), 19-28.

Mishler, E. G. (1979). Meaning in context: Is there any other kind? *Harvard Educational Review*, 49(1), 1-19.

Mishler, E. G. (1986). *Research interviewing.* Cambridge, MA: Harvard University Press.

Mishler, E. G. (1991). Representing discourse: The rhetoric of transcription. *Journal of Narrative and Life History*, 1(4), 255-280.

Mitchell, R. G., Jr. (1993). *Secrecy and fieldwork.* Newbury Park, CA: Sage.

Mitscherlich, A., & Mielke, F. (1949). *Doctors of infamy: The story of Nazi medical crimes* (H. Norden, Trans.). New York: Henry Schuman.

Morse, J. M. (1994). Emerging from the data: The cognitive process of analysis in qualitative inquiry, ln J. Morse (Ed.), *Critical issues in qualitative research methods* (pp. 23-43). Thousand Oaks, CA: Sage.

Mostyn, B. (1985). The content analysis of qualitative research data: A dynamic approach. In M. Brenner, J. Brown, & D. Canter (Eds.), *The research interview: Uses and approaches* (pp. 115-145). London: Academic Press.

Moustakas, C. (1994). *Phenomenological research methods.* Thousand Oaks, CA: Sage.

Nagle, J. (1995). *Voices from the margins: A phenomenological interview study of twenty vocational high school students' educational histories.* Unpublished doctoral dissertation, University of Massachusetts, Amherst.

Nagle, J. (2001). *Voices from the margins: The stories of vocational high school students.* New York: Peter Lang.

The National Commission for the Protection of Human Subjects of Biomedical and Behavioral Research. (1979). *Belmont report: Ethical principles and guidelines for the protection of human subjects of research.* Washington, DC: Department of Health and Human Services.

Nejelski, P., & Lerman, L. M. (1971). A researcher-subject testimonial privilege: What to do before the subpoena arrives. *Wisconsin Law Review*, 1085

(4), 1084-1148.

Oakley, A. (1981). Interviewing women: A contradiction in terms. In H. Roberts (Ed.), *Doing feminist research* (pp. 30-61). Boston: Routledge and Kegan Paul.

O'Donnell, J. F. (1990). *Tracking: Its socializing impact on student teachers: A qualitative study using in-depth phenomenological interviewing.* Unpublished doctoral dissertation, University of Massachusetts, Amherst.

O'Donnell, J. F., Schneider, H., Seidman, I. E., & Tingitana, A. (1989, March 2-5). *The complexities of teacher education in a professional development school: A study through in-depth interviews.* Paper presented at annual meeting of the American Association of Teacher Education, Anaheim, CA. (ERIC Document Reproduction Service No. ED 309 153).

O'Neil, R. M. (1996). A researcher's privilege: Does any hope remain. *Law and Contemporary Problems*, 59(3), 35-49.

Oral History Association. (1992). *Oral History Association evaluation guidelines.* Los Angeles: Author.

Oral History Association. (Accessed July 8, 2005). *Oral history excluded from IRB review, http:\\omega. dickinson. edu\organizations\oha*

Parker, T. (1996). *Studs Terkel: A life in words.* New York: Henry Holt.

Patai, D. (1987). Ethical problems of personal narratives, or, who should eat the last piece of cake? *International Journal of Oral History*, 8(1), 5-27.

Patai, D. (1988). *Brazilian women speak: Contemporary life stories.* [Interviews edited and tanslated by Daphne Patai]. New Brunswick, NJ: Rutgers University Press.

Patton, M. Q. (1989) *Qualitative evaluation methods* (10th printing). Beverly Hills, CA: Sage.

Phoenix, A. (1994). Practicing feminist research: The *intersection* of gender and "race" in the research process, in M. Maynard & J. Purvis, *Researching women's lives from a feminist perspective* (pp. 49-71). London: Taylor and Francis.

Polanyi, M. (1958). *Personal knowledge.* Chicago: University of Chicago Press.

Popkowitz, T S. (1984). *Paradigm and ideology in educational research.* London: Falmer Press.

Protection of Human Subjects. (2001). 45 C. F. R sections 46. 101-46. 409 (2001).

Reason, P. (1981). Methodological approaches to social science. In P. Reason & J. Rowan (Eds.), *Human inquiry* (pp. 43-51). New York: Wiley.

Reason, P. (Ed.). (1994). *Participation in human inquiry.* London: Sage.

Reese, S. D., Danielson, W. A., Shoemaker, P. J., Chang, T. K, & Hsu, H-L. (1986). Ethnicity of interviewer effects among Mexican Americans and Anglos. *Public Opinion Ouarterly*, 50, 563-573.

Resnik, H. (1972, March 4). Are there better ways to teach teachers? *Saturday Review*, pp. 46-50.

Reynolds, P. D. (1979). *Ethical dilemmas and social science research*. San Francisco: Jossey-Bass.

Richardson, S. A., Dohrenwend, B. S., & Klein, D. (1965). *Interviewing. Its forms and functions*. New York: Basic Books.

Riessman, C. K. (1987). When gender is not enough: Women interviewing women. *Gender and Society*, 1(2), 172-207.

Ritchie, D. A. (2003). *Doing oral history: A practical guide*. New York: Oxford University Press.

Rosenblatt, L. (1982). The literary translation: Evocation and response. *Theory Into Practice*, 21(4), 268 277.

Rosser, S. V. (1992). Are there feminist methodologies appropriate for the natural sciences and do they make a difference? *Women's Studies International Forum*, 15(5\6), 535-550.

Rowan, J. (1981). A dialectical paradigm for research. In P. Reason &J. Rowan (Eds.), *Human inquiry* (pp. 93-112). New York: Wiley.

Rowe, M. B. (1974). The relationship of wait time and rewards to the development of language, logic, and fate control: Part II-Rewards. *Journal of research in science teaching*, 11(4), 291 308.

Rubin, H. J., & Rubin, I. S. (1995). *Oualitative interviewing. The art of hearing*. Thousand Oaks, CA: Sage.

Sartre, J. P. (1968). *Search for a method* (H. E. Barnes, Trans.). New York: Random House.

Schatzkamer, M. B. (1986). Returning women students in the community college: A feminist perspective. *Comprehensive Dissertation Index* 1983-1987, DEU87- 01215.

Schram, T. H. (2003). *Conceptualizing qualitative inquiry: mindwork for fieldwork in education*. Upper Saddle River, NJ: Merrill\Prentice Hall.

Schuman, D. (1982). *Policy analysis, education, and everyday life*. Lexington, MA: Heath.

Schutz, A. (1967). *The phenomenology of the social world* (G. Walsh & F. Lenhert, Trans.). Chicago: Northwestern University Press.

Seidman, E. (1985). *In the words of the faculty: Perspectives on improving teaching and educational quality in community colleges*. San Francisco: Jossey-Bass.

Seidman, E., Sullivan, P., & Schatzkamer, M. (1983). *The work of community college faculty: A study through in-depth interviews* (Final Report to the National Institute of Education). Washington, DC. (ERIC Document Reproduction Service No. ED 243-499).

Sennett, R., & Cobb, J. (1972). *The hidden injuries of class*. New York: Knopf.

Shavelson, R. J., & Towne, L. (Eds.). (2002). *Scientific research in education. Washington, DC: National Academy Press.*

Sheehan, M. (1989). *Child care as a career: A study of long term child care providers.* Unpublished manuscript, University of Massachusetts, Amherst.

Shils, E. A. (1959). Social inquiry and the autonomy of the individual. In D. Lerner (Ed.), *The human meaning of the social science* (pp. 114-157). Cleveland, OH: Meridian Books.

Smith, L. (1992). Ethical issues in interviewing. *Journal of Advanced Nursing*, 17, 98-103.

Solsken, J. (1989, May 3). *Micro-macro: A critical ethnographic perspective on classroom reading and writing as a social process.* Remarks presented at the annual meeting of the International Reading Association, New Orleans, LA.

Song, M., & Parker, D. (1995). Commonality, difference and the dynamics of disclosure in in-depth interviewing. *Sociology*, 29(2), 241-256.

Spradley, J. P. (1979). *The ethnographic interview.* New York: Holt, Rinehart, and Winston.

Stacey, J. (1988). Can there be a feminist ethnography? *Women's Studies lnternational Forum*, 2(1), 21-27.

Steiner, G. (1978). The distribution of discourse. In G. Steiner, *On difficulty and other essays* (pp. 61-94). New York: Oxford University Press.

Stolberg, S. G. (2000, January 27). Teenager's death is shaking up field of human gene therapy. *New York Times*, p. 20.

Sullivan, P. (Producer\Director), & Seidman, I. E. (Co-director). (1982). *In their own words: Working in the community college* [Film]. Amherst: University of Massachusetts.

Sullivan, P. (Producer\Director), & Speidel, J. (Producer Director). (1976). *The Shaker legacy* [Film]. Amherst: University of Massachusetts.

Tagg, S. K. (1985). life story interviews and their interpretations. In M. Brenner, J. Brown, & D. Canter (Eds.), *The research interview: Uses and approaches* (pp. 163-199). London: Academic Press.

Terkel, S. (1972). *Working.* New York: Pantheon Books.

Thelen, D. (1989, September 27). A new approach to understanding human memory offers a solution to the crisis in the study of history. *The Chronicle of HigherEducation*, pp. B1, B3.

Thorne, B. (1980). "You still takin' notes?" Fieldwork and problems of informed consent. *Social Problems*, 27(3), 284-297.

Todorov, T. (1984). *The conquest of America* (R. Howard, Trans.). New York: Harper and Row. (Original work published 1982)

Tremblay, B. (1990). *The experience of instructional design.* Unpublished manuscript, University of Massachusetts, Amherst.

Trow, M. (1957). Comment on "Participant observation and interviewing: A comparison." *Human Organization*, 16(3), 33-35.

University of New Hampshire. (2004). *Information individuals in New Hampshire are legally required to report*. Durham, NH: Office of Sponsored Research-Research-Research Conduct and Compliance Services.

Van Manen, M. (1990). *Researching lived experience: Human science for an action sensitive pedagogy*. London, Canada: The University of Western Ontario.

Vygotsky, L. (1987). *Thought and language* (A. Kozulin, Ed.). Cambridge, MA: MIT Press.

Watkins, C. (Ed.). (1985). *The American heritage dictionary of Indo-European roots*. Boston: Houghton Mifflin.

Weiss, R. S. (1994). *Learning from strangers: The art and method of qualitative interview studies*. New York: The Free Press.

Whiting, G. W. (2004). *Young Blak fathers in a fatherhood program: A phenomenological study*. Unpublished doctoral dissertation, Purdue University, West Lafayette, IN.

Wideman, J. E. (1990). Introduction to *The souls of black folk* by W. E. B. Du Bois. New York: Random House.

Williams, C. L., & Heikes, E. J. (1993). The importance of researcher's gender in the in-depth interview: Evidence from two case studies of male nurses. *Gender and Society*, 7(2), 280-291.

Williamson, K. (1988). *A phenomenological description of the professional lives and experiences of physical education teacher educators*. Unpublished doctoral dissertation, University of Massachusetts, Amherst.

Williamson, K. (1990). The ivory tower: Myth or reality. *Journal of Teaching in Physical Education*, 9(2), 95-105.

Wolcott, H. F. (1990). *Writting up qualitative research*. Newbury Park, CA: Sage.

Wolcott, H. F. (1994). *Transforming qualitative data*. Thousand Oaks, CA: Sage.

Woods, S. (1990). *The contextual realities of being a lesbian physical educator: Living in two worlds*. Unpublished doctoral dissertation, University of Massachusetts, Amherst.

Young, E. H., & Lee, R. (1996). Fieldworker feelings as data: "Emotion work" and "feeling rules" in first person accounts of sociological fieldwork. In V. James &J. Gabe (Eds.), *Health and the sociology of emotions* (pp. 97-113). Oxford, England: Blackwell.

Young, S. (1990). *ESL teachers and their work-A study based on interviews conducted with teachers of English as a second language*. Unpublished doctoral dissertation, University of Massachusetts, Amherst.

Yow, V. R. (1994). *Recording oral history: A practical guide for social scientists*. Thousand Oaks, CA: Sage.

专有名称汉英对照表

人名汉英对照表(以首汉字拼音为序)

阿尔弗雷德·格罗蒙	Alfred Grommon
阿尔弗雷德·舒茨	Alfred Schutz
阿吉里斯	Argyris
阿特郎·金特里	Atron Gentry
埃里奥特·米什勒	Elliot Mishler
埃文·塞德曼	Irving Seidman
爱德华·W. 休斯 Jr.	Edward. W. Hughea Jr.
安妮·赫林顿	Anne Herrington
安·勒温森	Ann Levenson
巴顿	Patton
芭芭拉·摩根	Barbara Morgan
鲍德梅克	Powdermaker
鲍尔	Bauer
贝蒂	Betty
贝特森	Bateson
本杰明·费雷恩	Benjamin Filene
本尼狄克特	R · Benedict
彼得·埃尔伯	Peter Elbow
彼得·希格	Peter Sieger
波尔布特	Pol Pot
波兰奇·吉尔	Blanche Geer
伯吉斯	Burgess
博厄斯	Boas
布思	Booth
曹诗弟	Thoegersen
大卫·施沃特	David Schwandt
大卫·舒曼	David Schuman
丹尼尔·P·施瓦兹	Daniel P. Schwartz
德莱恩	de Laine
登斯坦	Densten
狄特莫	Ditlmer
杜波依斯	Du Bois
恩格斯	Engels
法希德·哈杰	Farshid Hajir

弗里德里·亚桑特-萨缪哈	Frederick Asante-Somuah
弗里曼·戴森	Freeman Dyson
弗斯	Firth
伽达默尔	Gadamer
甘博	Gamble
戈登	Gordon
格拉泽	Glaser
格雷	Gray
哈贝尔	Hubbell
哈奇	Hatch
海迪·麦基	Heidi McKee
海森伯格	Heisenberg
海斯	Heise
赫里凯克	Hrycak
黑兹尔	Hazel
怀特	Whyte
霍华德·贝克尔	Howard Becker
加雷思·马修斯	Gareth Matthews
简·内格尔	Jane Nagle
杰拉尔德·派因	Gerald Pine
杰西卡·拜伦	Jessica Balun
凯瑟琳·卡麦兹	Kathryn Charmaz
凯西·卡麦兹	Kathy Charmaz
坎贝尔	Campbell
考宾	Corbin
科罗尔	Currall
克雷斯威尔	Cresswell
克里弗德·爱德曼	Clifford Adelman
克罗伯	Kroeber
肯尼斯·多尔比里	Kenneth Dolbeare
肯尼斯·里伯曼	Kenneth Liberman
肯·迪沃尔	Ken Divoll
库克	Cook
拉津	Ragin
拉里·勒德洛	Larry Ludlow
莱德克里夫-布朗	Redcliff-Brown
赖卡特	Reichardt
劳里·麦斯特里	Lori Mestre
劳伦斯·F. 洛克	Lawrence F. Locke
勒温	Lewin
雷切尔·费雷恩·赛德曼	Rachel Filene Seidman

理查德·G·米切尔. Jr	Richard G. Mitchell, Jr
理查德·克拉克	Richard Clark
利特尔伍德	Littlewood
列维·施特劳斯	Levi-Strauss
林德	Lynd
琳达·格利芬	Linda Griffin
琳达·米勒-克莱里	Linda Miller-Cleary
琳达·尼斯	Linda Neas
琳达·肖普斯	Linda shopes
卢斯·勒温森	Ruth Levenson
路易斯·赛德曼	Louis Seidman
罗伯特·马洛伊	Robert Maloy
罗伯特·伍德伯利	Robert Woodbury
罗伯特·祖斯曼	Robert Zussman
罗尔·迦西亚	Roel Garcia
罗萨贝斯·莫斯·坎特	Rosabeth Moss Kanter
罗威	Lowie
马丁·布伯	Martin Buber
马丁·特罗	Martin Trow
马克·泰特拉奥特	Mark Tetrault
马林洛夫斯基	Malinowski
马特森	Matson
玛格丽特·伯格林	Margaret Burggren
玛格丽特·博伊考	Margaret Boyko
玛格丽特·戈尔曼	Margaret Gorman
玛格丽特·希恩	Marguerite Sheehan
玛丽·布雷·沙茨凯摩尔	Mary Bray Schatzkamer
迈尔斯	M · Miles
迈克尔·杰克逊	Micheal Jackson
麦克拉肯	McCracken
米德	Mead
米尔斯	Mills
南达	Nanda
南希·鲍尔	Nancy Power
内森·盖奇	Nathan Gage
内特·艾伦	Nate Allen
帕克	Park
帕特里克·萨利文	Patrick Sullivan
佩泰	Patai
普利查德	Evans-Pritchard
乔治·里普金	George Lipkin

乔治·斯坦纳	George Steiner
萨瑞	Sari
萨特	Sartre
赛里·鲁宾斯坦	Sally Rubinstein
莎拉·拜恩德罗	Sara Biondello
莎拉·库恩	Sarah Kuhn
莎莉·莉娜·康克莱特	Sally Lvynne Conkright
莎农·维特	Shannon Waite
施特劳斯	Strauss
史密斯	Smith
斯蒂芬·麦克金蒂	Stephen McGinty
斯塔兹·特克尔	Studs Terkel
斯坦利	Stanley
苏姗·莉迪柯特	Susan Liddicoat
汤姆·泰利克伊	Tom Telicki
特罗莎·巴顿	Theresa Barton
图恩·弗德里奇	Toon Fuderich
托马斯·库恩	Thomas Kuhn
托马斯·库恩	Thomas Kuhn
托马斯·皮科克	Thomas Peacock
托尼·伯吉斯	Tony Burgess
瓦莱里·莱雷·约	Valerie Raleigh Yow
威廉·康佩农	William Compagnone
威廉·詹姆斯	William James
维果茨基	Vygotsky
沃尔科特	Wolcott
希波克拉底	Hippocratic
休伯曼	Huberman
雅贝儿	Abell
雅伯特	Abbott
雅各布斯	Jacobs
雅特里德-斯图林	Attride-Stirling
亚里士多德	Aristotle
亚历克斯·赛德曼	Alex Seidman
伊恩·戴伊	Ian Dey
伊丽莎白·科恩	Elizabeth Cohen
伊桑	Ethan
伊万斯-普理查德	Evans-Pritchard
约翰·布斯	John Booss
约翰·罗恩	John Rowan
约翰·沃特	John Wirt

约瑟夫·麦克斯韦尔 Joseph Maxwell
詹姆斯·奥德奈 James O' Donnell
詹尼弗·古德哈特 Jennifer Goodheart
朱迪斯·H.米勒 Judith H. Miller
朱迪·马歇尔 Judi Marshall
朱迪·斯泰西 Judy Stacey
朱莉·辛普森 Simpson

作品名称汉英对照表(以首汉字拼音为序)

保密和田野调查工作 Secrecy and Fieldwords

贝尔蒙报告:报复研究中人体对象的伦理原理和指导方针
Belmout Report: Ethical Principles and Guidelines for Protection of Human Subjects of Research

背景中的含义:还有其他的类型吗?
Meaning in Context:Is There Any Other Kind?

成为中学教师的职业指南
The Essential Career Guide to Becoming a Middle and High School Teacher

处理 Working

访谈研究:背景和叙事
Research Interviewing:Context and Narrative

公司中的男人与女人 Men and Women of the Corporcotion

构思执行调研 Conceptualizing Qualitative Inquiry

关于激进的经验主义和多元化社会的研究
Essays in Radical Empiricism and In a Pluralistic Universe

集体智慧的结晶:美国印第安人教育
Collected Wisdom:Ameriacan Indian Education

教师的话语 In the Words of the Faculty

教师的语言 In the Words of Faculty

教师的语言 In the Words of the Faculty

教学研究手册 Handbook of Research on Teaching

科学革命的结构 The Structure of Scientific Revolution

马萨诸塞大学的奥斯瓦德·蒂波与早期宣言
Oswald Tippo and Early Promise of the University of Massachusetts

美国的征服 The Conquest of America

美国人道情况说明书 American Humane Fact Sheet

纽伦堡法典　Nuremberg Code

纽约时报　New York Times

女同性恋型体育教师的境遇现实:生活在两个世界
The Contextual Realities of Being a Lesbian Physical Educator: Living in Two Worlds

破碎的形象　The Broken Image

亲自探明含义　Making Sense As a Personal Process

人体研究保护国际汇编
International Compilation of Human Subject Research Protections

如何写作研究计划书　Proposals That Wook

社交世界的现象学　The Phenomenology of the Social World

探究一种方法　Search for a Method

有力地写作　Writing With Power

政策分析、教育和日常生活　Policy Analysis, and Everyday Life

质的研究设计　Qualitative Research Design